Marco Politi

Im Auge des Sturms

Marco Politi

Im Auge des Sturms

Franziskus,
die Pest und die Heilung der Welt

Aus dem Italienischen von Gabriele Stein

HERDER

FREIBURG · BASEL · WIEN

MIX
Papier aus verantwor-
tungsvollen Quellen
FSC® C014496

Titel der Originalausgabe:
Francesco: La peste, la rinascita
Copyright © 2020, Gius. Laterza & Figli, All rights reserved

Deutsche Erstausgabe
© Verlag Herder GmbH, Freiburg in Breisgau 2021
Alle Rechte vorbehalten
www.herder.de

Satz: Daniel Förster, Belgern
Herstellung: GGP Media GmbH, Pößneck

Printed in Germany

ISBN Print 978-3-451-39109-5
ISBN E-Book (Epub) 978-3-451-82488-3
ISBN E-Book (PDF) 978-3-451-82489-0

Nach einer solchen Krise
ist man nicht mehr wie vorher.
Wenn man herauskommt,
ist man besser oder schlechter.

Franziskus

INHALT

Ein Papst im Sturm

Der Platz liegt verlassen da, regennass, in fahles Licht getaucht. Die Arme der Kolonnaden greifen ins Leere. Hinter dem Obelisken, hinter der Via della Conciliazione wirkt Rom wie ausgestorben. Verschlossen im Lockdown, den die Epidemie der Stadt aufgezwungen hat. Ganz Italien ist leer und verschlossen, geduckt und verschreckt.

Die Pest geht durch die Straßen, ein Gespenst aus der Vergangenheit. Der Schwarze Tod des 14. Jahrhunderts … die Pest, von der Manzoni in den *Verlobten* erzählt und die in ganz Europa wütete: von London bis Prag, von Mailand bis Apulien … die Spanische Grippe, an der Anfang des 20. Jahrhunderts 500 Millionen Menschen erkrankten, ein Viertel der damaligen Weltbevölkerung.

Die Pest ist wieder da. Im November oder Dezember 2019 ist sie in China ausgebrochen, möglicherweise in der Stadt Wuhan. Eine Zeit lang hielten die Behörden sie noch geheim, doch dann griff sie explosionsartig um sich und verbreitete sich von Fernost aus bis nach Europa, Amerika und Afrika. Woche um Woche infizieren sich Zehntausende Männer und Frauen, der Tod schreitet unerbittlich voran. Die Pandemie sät Angst, Beklemmung und Einsamkeit.

Am 27. März 2020 betritt Jorge Mario Bergoglio allein den verwaisten Vorplatz der Petersbasilika. Hinkend bewegt sich der greise Pontifex vorwärts, den Zucchetto auf dem zerdrückten Haar. Ein weißer Fleck, unwirklich unter dem schwärzlichen Himmel.

Seit beinahe drei Wochen, so scheint es, hat die Kirche aufgehört zu existieren. Die Gotteshäuser sind praktisch geschlossen, die Gläubigen verschwunden. Es werden keine Messen mehr gefeiert, keine Kinder mehr getauft, es finden keine Trauungen und keine Beerdigungen statt. Den letzten Sterbesegen überlassen die Bischöfe dem Pflegepersonal und den Ärzten, deren Arm die Kranken leise berühren, ehe sie ins Nichts stürzen. Kolonnen von Militärlastwagen transportieren die Särge zu den Friedhöfen. Angehörige sind nicht zugelassen, sie müssen zu Hause bleiben.

Die religiösen Autoritäten haben sich dem Lockdown gefügt, den die Regierung am 9. des Monats verhängt hat. Am 27. März sind weltweit annähernd 600 000 Menschen mit dem Coronavirus infiziert und beinahe 27 000 verstorben. In Italien zählt man über 66 000 gemeldete Infektionen und 9134 Todesfälle. Allein in den vergangenen 24 Stunden sind dort über 900 Menschen gestorben. Zahlen, die schwindelerregende Höhen erreichen werden. Auch im Vatikan werden zwei Infektionen gemeldet. Schon bald werden es zwölf sein, einer von ihnen aus der unmittelbaren Umgebung des Pontifex. Franziskus hat sich testen lassen, er ist negativ. Doch er hat begonnen, seine Generalaudienzen online zu halten.

Auf die Proteste von Pfarrern und Gläubigen hin hat der Papst entschieden, dass die Pfarrkirchen wenigstens für das individuelle Gebet offen bleiben sollen. Doch das Schweigen der Kirche in der Stunde der Katastrophe wird für Millionen von Katholiken unerträglich und unbegreiflich. Auch viele Agnostiker und Nicht-Glaubende, die das Bergoglio-Pontifikat bislang mit Interesse verfolgt haben, registrieren dieses plötzliche Verschwinden der Kirche von der öffentlichen Bühne.

Die Kirche hat dem Tod schon immer die Stirn geboten. Es gibt keine Auferstehung ohne Grab, das Geheimnis von Tod und Auferstehung fällt seit Jahrhunderten in ihre besondere Zuständigkeit Verstört blicken Italien und Europa auf die unaufhaltsam wachsende Masse der Toten und Infizierten – doch von den Kanzeln kein Wort. Seit Jahrzehnten hatte man den Tod symbolisch eliminiert. Er betraf immer nur »die anderen«. Kriege, Massaker und Anschläge hatten auf den Fernsehbildschirmen einen cineastischen Charakter bekommen: etwas, das man sieht, aber auf Knopfdruck verschwinden lassen kann. Auch der Tod von Verwandten war längst kein Ereignis mehr, das man als Familie gemeinsam durchlebte. Wer sterben musste, wurde aussortiert und in Krankenhäuser und Senioreneinrichtungen verbannt. Der Tod sollte die Zeitgenossen nicht verstören. Jetzt aber ist der schaurige Sensenmann zurückgekehrt. Es kann jeden treffen – und es ist auch erschütternd, plötzlich feststellen zu müssen, dass man sich von einem Sterbenden nicht mehr verabschieden oder einem Toten keine Blume ins Grab werfen kann.

Jorge Mario Bergoglio, 266. römischer Pontifex, weiß aus der Geschichte seiner piemontesischen Familie, wie es ist, wenn man – aus Zufall oder weil die Vorsehung es so will – mit knapper Not dem Tod entronnen ist. Das Schiff, das seine Großeltern väterlicherseits und seinen Vater von Genua nach Argentinien bringen sollte, sank im Atlantik. Hunderte ertranken. Die Bergoglios wurden gerettet, weil sie die Reise verschoben und ihre Karten für die Überfahrt nach Argentinien mit dem Dampfer »Principessa Mafalda« im letzten Moment umgetauscht hatten. So kam es, dass sie nicht unter den Schiffbrüchigen waren. Jorges Vater Mario Bergoglio ging zwei Jahre später, 1929, gemeinsam mit seinen Eltern in Buenos Aires an Land.

Jorge Mario selbst wäre mit 21 Jahren beinahe an einer schweren Lungenentzündung gestorben; damals musste ihm der obere Teil des rechten Lungenflügels entfernt werden. Ein Detail, das die Gegner seiner Kandidatur beim Konklave 2013 auszunutzen versuchten. Kardinal

Óscar Rodríguez Maradiaga musste beim Mittagessen der wahlberechtigten Kardinäle von Tisch zu Tisch gehen, um die Gerüchte von einer schweren gesundheitlichen Beeinträchtigung zu dementieren, die Bergoglios Wahl im Wege gestanden hätte.

In Buenos Aires hat Franziskus als Jesuit und Erzbischof mitangesehen, wie in den Armenvierteln gelebt, gestorben und gemordet wird. Und nachdem er Papst geworden war, befand er sich jahrelang im Fadenkreuz des ISIS, der Bilder vom Obelisken auf dem Petersplatz ins Netz stellte, über dem drohend die schwarze Flagge des islamistischen Kalifats wehte.

Die Stille auf dem Petersplatz ist erdrückend. Unter einem weißen Baldachin spricht Franziskus ins Leere. Das Lächeln, das die Welt seit sieben Jahren kennt, ist verschwunden. »Tiefe Finsternis hat sich auf unsere Plätze, Straßen und Städte gelegt; sie hat sich unseres Lebens bemächtigt und alles mit einer ohrenbetäubenden Stille und einer trostlosen Leere erfüllt«, ruft Franziskus aus, und sein Gesicht ist von Melancholie und tiefem Ernst gezeichnet. Er spricht von der Leere, die alles lähmt. »Es liegt in der Luft, man bemerkt es an den Gesten, die Blicke sagen es.« Wir alle, so fährt er fort, sind verängstigt und verloren wie die Jünger Jesu auf dem Boot inmitten des Sturms.[1] Franziskus' Gebet bringt die Decke des Schweigens, die über der Stadt und dem Erdkreis liegt, zum Bersten.

Jahrhundertelang war die Kirche in Zeiten der Epidemie immer die große Hauptdarstellerin. Sie hat die Stadt der Menschen, sie hat ihre Bilderwelt beherrscht. Das bezeugen die Fresken, die noch heute von den Wänden der religiösen und weltlichen mittelalterlichen Bauten zu uns sprechen. Der Tod ist der große Gleichmacher. Das Kreuz ist die Arche des Heils. Auf dem *Triumph des Todes* in Palermo, dem bekannten Fresko aus dem 15. Jahrhundert, liegen die Leichen von Päpsten und Kaisern wild durcheinander auf einem Haufen: Zeichen einer unparteiischen göttlichen Gerechtigkeit, die den von der Feudalgesellschaft unterdrückten Männern und Frauen Genugtuung verschafft. Der skelettartige Tod reitet auf einem knochigen grauen Pferd und schießt erbarmungslos seine vergifteten Pfeile ab. Gottes Zorn schlägt unerbittlich zu und trifft Fürsten, Damen und Ritter, die schwere Schuld auf sich geladen haben. Vor der Krankheit gibt es kein Entrinnen.

Auf dem *Camposanto Monumentale* in Pisa treffen Lebende und Tote in einer unerwarteten Begegnung aufeinander. Der unerträgliche Leichengestank macht die Pferde scheu und lässt ihre Nüstern beben. Die Adligen halten sich Taschentücher vors Gesicht. Aus den Leibern der Toten kriechen abscheuliche Schlangen. Bilder des Totentanzes ziehen sich durch ganz Europa.

In der großen Katastrophe war die Kirche immer das Sinnbild einer unerschütterlichen transzendenten Macht, die einzige Mittlerin und Zuflucht, Zeichen des Heils, um den göttlichen Richtspruch abzumildern. Die Krankenhäuser waren kirchliche Einrichtungen. In den verlassenen Straßen ging der Priester unter Schellengeläut von Tür zu Tür, um den Sterbenden Trost zu spenden. Er hörte schreckerfüllte Beichten und drängte Männer und Frauen, die im Schatten des Altares Zuflucht suchten, Buße zu tun. Er, der Priester oder Ordensmann, war es, der die Lebenden und Sterbenden tröstete, die Bettreihen in den Lazaretten abschritt und die Prozessionen der psalmodierenden Gläubigen anführte, die um Erbarmen flehten, während das Volk gelobte, Votivsäulen zu errichten, wenn die Geißel vorüber war.

Im Jahr des Herrn 2020 ist diese alles durchdringende Präsenz mit einem Mal wie ausgelöscht. Die Säkularisierung hatte die zentrale Bedeutung der religiösen Institution schon vorher gebrochen. Die »christliche Gesellschaft« gehörte, wie der katholische Historiker Pietro Scoppola erklärte, endgültig der Vergangenheit an. Selbst Ratzinger, Papst Benedikt XVI., war zu dem Schluss gekommen, dass das Christentum zu einer Minderheit geworden war.

Bei Ausbruch der Epidemie und in der Zeit der Massenquarantäne – bei den Franzosen *Confinement*, Arrest, und in der angelsächsischen Welt *Lockdown* genannt: Wörter, bei denen man förmlich zu hören meint, wie die Gefängnistür ins Schloss fällt – wird deutlich, dass die Religion vollkommen von der Bühne verschwunden ist. Zum ersten Mal seit dem Mittelalter grassiert ein großes, todbringendes Phänomen und beherrscht den öffentlichen Raum, ohne dass religiöse Symbole sichtbar werden. Eine Nichtpräsenz, die in unserem Medienzeitalter zum Himmel schreit. Die Religion tritt in den Hintergrund, die Wissenschaft ist die unangefochtene Herrin. Die im Rampenlicht stehen, tragen Kittel und keine Stola. Es riecht nicht nach Weihrauch, sondern nach Desinfektionsgel. Helden und Märtyrer sind die Ärzte und Pflegerinnen, die Verkündung des Wortes obliegt der Politik: dem Premierminister, den Bürgermeistern, den Landesregierungen. Die einzige Liturgie ist die abendliche Pressekonferenz, bei der die Zahlen der Toten, der Infizierten und der Genesenen sowie die Empfehlungen verlesen werden, denen es zu folgen gilt. Dass es kein Priester ist, der den Sterbenden das letzte Kreuz auf die Stirn zeichnet, lässt sein Ausgeschlossensein grausam deutlich werden. Doch es ist unvermeidlich. Der einzige Weg, die Krankheit zu bekämpfen, ist der, den die Wissenschaft vorgibt. Zusammen zu sein ist ansteckend. Zusammen zu sein ist tödlich. Wer als Botschafter Gottes ins Krankenhaus geht, läuft Gefahr, die Seuche zu verbreiten.

Die Verfinsterung betrifft die beiden großen monotheistischen Weltreligionen: Christentum und Islam. Beide gründen sich auf die Gottesanbetung in großen gemeinschaftlichen Räumen. Nicht nur der Petersplatz ist verwaist: Auch der Platz vor der Kaaba in Mekka – das berichtet die missionarische Nachrichtenagentur *Asia News* – ist menschenleer. In Jerusalem ist die Grabeskirche genauso geschlossen wie die al-Aqsa-Moschee. Und die Feierlichkeiten zum muslimischen Fastenmonat Ramadan werden in den darauffolgenden Monaten in verschiedenen Teilen der Welt strengen Beschränkungen unterliegen.

Die Schnelligkeit, mit der sich COVID-19 ausbreitet, ist unvorstellbar. Ein Jahr nach seinem ersten Auftreten beläuft sich die Zahl der Infizierten auf über 100 Millionen und die der Opfer auf zweieinhalb Millionen. 2021 wird das Virus seinen gnadenlosen Lauf fortsetzen und die Menschen weiter dahinraffen.

Das Virus befällt auch die menschlichen Beziehungen. Es lässt Kontakte abreißen und bringt das Sozialleben zum Erliegen. Es verurteilt Singles zur Einsamkeit und hält alte und alleinstehende Menschen unerbittlich gefangen. Es lässt Konflikte aufbrechen, Hass, Spannungen zwischen Lebenspartnern. Das Virus verhindert den physischen Kontakt: Umarmungen, Zärtlichkeiten, Küsse, einen Händedruck.

Für die Kirche ist es ein Schock, wie sie ihn nicht einmal in Kriegszeiten, nach Überschwemmungen oder Erdbeben je zuvor erlebt hat. Das Wesen des Christentums besteht nicht im Studium heiliger Texte oder in der individuellen Betrachtung des Göttlichen, sondern in der Beziehung zum Leib des Volkes Gottes. Das Wort Pfarrei leitet sich vom Griechischen *Paroikia* ab, das den nachbarschaftlichen Verbund von Haushalten bezeichnet, der unter einem Priester zusammenkommt. Durch die gemeinschaftlich gefeierte Trauung erhält der Pfarrer Zugang zur lebendigen Beziehung zwischen den Geschlechtern. Und durch die persönliche Beichte, die, wie auf dem Konzil von Trient festgelegt, mindestens einmal im Jahr abgelegt werden muss, erhält er Zugang zu den Gewissen.

Der Priester nimmt bei der Taufe das Neugeborene auf den Arm und spendet den Jugendlichen die Erstkommunion. Bei der Krankensalbung berührt er einen Menschen in den letzten Augenblicken seines Lebens. Die Kirche ist Andachtsraum, Wallfahrt, Gebetsgemeinschaft, Prozession. Die Messe ist das Gedenken an ein gemeinsames Mahl, die Kommunion ist Seelenspeise, die durch den Körper geht. Die Predigt ist Blickkontakt, der Friedensgruß ist ein Händedruck, Singen und Beten sind kollektive Akte. Der Glaube wird mit Herz und Verstand als Beziehung in Fleisch und Blut erlebt.

Und dann wird dieses seit Jahrhunderten, ja seit Jahrtausenden pulsierende Gewebe mit einem Mal von der COVID-19-Seuche zerrissen. Papst Franziskus nimmt die Erschütterung wahr. Er mahnt, sich an die Logik der Wissenschaft zu halten, aber er begreift, dass die Kirche nicht untätig bleiben kann.

Sechs Tage nach Ausrufung des landesweiten Lockdowns stattet der Pontifex der Basilika Santa Maria Maggiore einen Blitzbesuch ab, um vor der Marienikone »Salus Populi Romani« zu beten, und geht anschließend einige Dutzend Meter zu Fuß über eine der Hauptstraßen Roms, den Corso. Sein Ziel ist die Kirche San Marcello. Er will dort vor dem Kruzifix beten, das der Überlieferung nach als Prozessionskreuz durch die Stadt getragen wurde, um der »großen Pest« des Jahres 1522 Einhalt zu gebieten.

Im Jargon der PR-Experten nennt man so etwas *Photo Opportunity*, ein Bild, das eine Botschaft ausdrückt, das Aufmerksamkeit erregt. Doch damit nicht genug. Zehn Tage später, am 25. März, lädt der Papst die Christen sämtlicher Konfessionen zu einem weltumspannenden Vaterunser ein. Der Ökumenische Patriarch Bartholomaios I., der anglikanische Primas Justin Welby und der Weltkirchenrat schließen sich an. Doch auch das reicht noch nicht. Franziskus spürt, dass er wieder zur Welt sprechen muss. Zu den 1,3 Milliarden Katholiken, zu den Millionen Christen aus anderen Konfessionen, die erwartungsvoll auf den Bischof von Rom blicken, zu denjenigen unter den Gläubigen anderer Religionen und unter den Nicht-Glaubenden, die seit Jahren auf seine Botschaft achtgeben.

Die katholische Kirche war in den vergangenen Jahrzehnten keineswegs immun gegen die heftigen und bitteren

Anschuldigungen im Zusammenhang mit den Missbrauchsverbrechen und ihrer schändlichen Vertuschung bis in die höchsten Kreise hinein; sie hat wegen trüber Finanzskandale auf der Anklagebank gesessen; und als *Vatileaks* Wellen schlug, hat sie das unschöne Gesicht interner Grabenkämpfe entblößt. Und doch kommt zyklisch immer wieder der Moment, da ein Papst die Größe findet, als die Stimme der Welt zu sprechen. Ob er nun Johannes Paul II. oder Paul VI. heißt, Johannes XXIII. oder Franziskus.

Unter dem weißen, regendurchweichten Baldachin auf dem verwaisten Petersplatz verwandelt Franziskus am 27. März die Leere in einen Raum der Begegnung für eine Menge, die nach Nähe und Vertrauen dürstet. Vor der Basilika, die einer Felswand ähnelt, sammelt Franziskus wie in einem Brennglas die Spannung der nahen und fernen Erwartungen. Er bringt ein Wort der Hoffnung und Solidarität, des Glaubens und des Muts. Das Boot, sagt er, befindet sich in einem Sturm, und in diesem Boot sitzen wir alle. »Alle sind wir dazu aufgerufen, gemeinsam zu rudern, alle müssen wir uns gegenseitig beistehen.«[2]

Weil das Virus den herrschenden darwinistischen Mythos platzen lässt, die Besessenheit der Sieger, die in beständigem Wettkampf liegen. Franziskus meißelt Worte in die Stille, die für jedermann klar verständlich sind. Die Menschen hätten erkannt, »dass wir nicht jeder für sich, sondern nur gemeinsam vorankommen«. Der Sturm entlarvt die Verwundbarkeit der Welt, erschüttert die falschen Sicherheiten, reißt die Klischees herunter, hinter denen sich das Ego der krankhaft um ihr Image besorgten Zeitgenossen versteckt hatte.

Im Laufschritt war man vorangestürmt, hatte sich stark gefühlt, sich alles zugetraut, nach Profit gegiert. »Wir haben uns von Kriegen und weltweiter Ungerechtigkeit nicht aufrütteln lassen«, fährt Franziskus fort, »wir haben nicht auf den Schrei der Armen und unseres schwer kranken Planeten gehört. Wir haben unerschrocken weitergemacht in der Meinung, dass wir in einer kranken Welt immer gesund bleiben würden.« Jetzt, inmitten des Sturms, erinnert Franziskus an den uralten Schrei der vom Entsetzen gepackten Jünger, die im See Gennesaret zu ertrinken fürchten, während Jesus auf dem Boot immer noch tief und fest schläft: »Wach auf, Herr!«

Die Scheinwerfer an den vatikanischen Palästen tauchen die Gestalt des greisen Pontifex, der mit leiser Stimme spricht, in ein schwaches Licht. 17 Millionen Zuschauer verfolgen die Andacht im italienischen Fernsehen, mehrere Hunderttausend außerdem über das Streaming-Angebot und die Liveschaltungen der diözesanen Radio- und Fernsehstationen. Weitere Millionen in aller Welt werden sich den Auftritt des Papstes auf den digitalen Kanälen ansehen. Bergoglio ist 83 Jahre alt. Er hat nicht die majestätische Erscheinung und physische Präsenz des ehemaligen Schauspielers Karol Wojtyła. Er ähnelt eher einem Pfarrer, doch seine menschliche Ausstrahlung hat die Menge vom ersten Augenblick an in ihren Bann gezogen: seit er sich nach dem Konklave am Abend des 13. März 2013 auf der Loggia der vatikanischen Basilika gezeigt hat.

Er ist ein Papst, der den Geruch des Lebens kennt. Er hat gearbeitet, er hat als Rausschmeißer in einer Diskothek gejobbt, er hatte eine Freundin, er hat die Barbarei der Diktatur und die Niedertracht einiger seiner Mitbrüder im Bischofsamt kennengelernt, er weiß um die geringschätzige Achtlosigkeit der Reichen und Wohlmeinenden für die Existenzen, die nur wenige Kilometer von ihnen entfernt Schiffbruch erleiden, er weiß um die Korruption und die stillschweigende – aber allen bekannte – Allianz, die in vielen Ländern Teile der institutionellen mit Teilen der kriminellen Welt verbindet. Die Heuchelei der scheinbar Gottesfürchtigen gefällt ihm nicht: Dann sei man besser Atheist, erklärt er. Franziskus kennt den Geruch der Verzweiflung. Er kennt die Knoten der Geschichte – deshalb fühlt er sich so sehr zur bayerischen »Maria Knotenlöserin« hingezogen – und die Windungen des menschlichen Geistes. Auch seines eigenen. In den 1980er-Jahren hat er sich nach einem wenig glücklichen Intermezzo als Jesuitenprovinzial einer Psychoanalyse unterzogen.

Dort, auf dem Petersplatz, spricht er über die Aussichten der Jünger auf einem Boot, das zu sinken droht. Seine

Ansprache ist religiös, aber nicht abstrakt. Sie trifft den Kern des historischen Augenblicks. Christus ist nicht fern, Christus »kümmern« alle, ruft er aus. Der Sturm offenbart allenfalls, wie schwach der Glaube der Christen ist und wie schwer es ihnen fällt, zu verstehen, dass sie das Heil Gottes brauchen.

Bergoglios Theologie dringt vor in die Schatten des regnerischen Abends, und seine Stimme trägt weit. Im Kreuz Christi, so sagt er, »sind wir geheilt und umarmt worden«, aber das bringt eine Verantwortung mit sich. Franziskus mag es nicht, wenn Christen träge sind. Das Kreuz zu umarmen, erklärt er, bedeutet, dass man den Mut findet, die Widrigkeiten der Gegenwart zu akzeptieren und einen Moment lang nicht nach Besitz und Allmacht zu lechzen. Es bedeutet, sich den anderen zuzuwenden und »diesen Stunden, in denen alles unterzugehen scheint, Festigkeit, Halt und Sinn [zu] geben«.

Der argentinische Papst will an die erinnern, Männer und Frauen, die in den entscheidenden Augenblicken die Notwendigkeit verkörpern, gemeinsam zu rudern. Er spricht nicht *ex cathedra*, sondern versetzt sich auf die Flure der Kliniken, in die Zimmer der Häuser, wo Menschen in Armut leben, in die Winkel des Alltäglichen hinein. Mit einem Gefühl der Nähe zählt Bergoglio sie alle auf, nennt Ärzte, Krankenschwestern und Pfleger, Supermarktangestellte, Reinigungspersonal, Ärzte, Betreuerinnen, Personenbeförderer, Ordnungskräfte, Ehrenamtliche, Priester,

Ordensleute und »viele, ja viele andere, die verstanden haben, dass niemand sich allein rettet«. Sie sind diejenigen, die im Kampf gegen die Krankheit das entscheidende Kapitel schreiben.

Papst Franziskus hat gerade erst Anweisung gegeben, die päpstliche Titulatur auszudünnen: Im *Annuario pontificio* von 2020 werden Titel wie »Stellvertreter Jesu Christi«, »Nachfolger des Fürsten der Apostel«, »Pontifex maximus der universalen Kirche«, »Souverän des Staates der Vatikanstadt« usw. als historisch bezeichnet und in eine Fußnote verbannt. Franziskus genügt es, Bischof von Rom zu sein. Der Pomp vergangener Zeiten – so seine Überzeugung – dient zu nichts, im Gegenteil, er ist nur hinderlich, wenn man mit den Männern und Frauen des 21. Jahrhunderts ins Gespräch kommen will, die aufgrund denkbar unterschiedlicher persönlicher Erfahrungen gläubig oder nicht gläubig sind.

Was Franziskus interessiert, ist ein aktiver, nach dem Maßstab der Nächstenliebe gedachter und gelebter Glaube: ein konkretes Glaubenshandeln in der konkreten historischen Situation des Jahres 2020, während die Pest sich unaufhaltsam ausbreitet. Und mit dem Ziel, dass die Welt »danach« nicht mehr so krank sein soll wie zuvor. Christus die eigenen Ängste anzuvertrauen, setzt voraus, dass jeder sich als Teil einer einzigen Menschheitsfamilie fühlt. Das ist der religiöse Humanismus von Papst Franziskus, und dieser Humanismus ist bereit, sich an anderen Humanismen messen zu lassen. Entweder man ist Bruder und Schwester oder man ist verloren. Aus dieser Geisteshaltung heraus weist der Papst die alte Vorstellung von der Pest als göttlicher Strafe (wie sie schon von Homer besungen wurde) zurück. Für Bergoglio ist Gott immer Vater, und Aufgabe der Kinder ist es, den Sinn eines Erbes zu erkennen, das der argentinische Pontifex von Anfang an in zwei Begriffe gefasst hat: Liebe und Barmherzigkeit. Womit er sich den Zorn der Gesetzeslehrer in seiner eigenen Kirche eingehandelt hat.

Dies »ist nicht die Zeit deines Urteils«, sagt Franziskus an Gott gewandt, »sondern unseres Urteils: die Zeit zu entscheiden, was wirklich zählt und was vergänglich ist, die Zeit, das Notwendige von dem zu unterscheiden, was nicht notwendig ist«. In der Stunde der Prüfung denkt Franziskus schon an das Morgen. Es gehe darum, sagt er, den Kurs wieder neu auszurichten und den Mut zu haben, Räume zu öffnen, wo niemand ausgeschlossen ist und alle sich berufen fühlen können. Das Ziel ist klar: »neue Formen der Gastfreundschaft, Brüderlichkeit und Solidarität« zu schaffen.

Der Tag hat sich schon geneigt, als Franziskus die Andacht beendet. Im Portikus erklingen liturgische Gesänge. Der Papst betet vor der Marienikone und bleibt für einen Moment der Stille vor dem ausgemergelten Gekreuzigten von San Marcello stehen. Er sieht ihn lange an und haucht schließlich einen Kuss auf die vom Nagel durchbohrten Füße. Dann legt er nach uraltem Ritus ein weißes Schultervelum an und hebt, nun wieder dem menschenleeren Platz zugewandt, die Monstranz mit dem Allerheiligsten empor, um den Segen *»Urbi et Orbi«* zu spenden. Ein archaisch anmutendes Bild. Eine Sonne aus Gold als Schild im Dunkel der Furcht.

Ehe die Glocken zu läuten beginnen, hört man irgendwo in der Ferne die Sirene eines Krankenwagens.

»BLICKEN WIR AUF
DIE MASSENGRÄBER«

Ostern fällt dem Lockdown zum Opfer: ein psychologisches Erdbeben. Dass dieses Fest nicht als Massenereignis stattfinden kann, hat es seit Menschengedenken nicht gegeben. Der Petersdom ist leer, der Papst steht verloren vor dem Altar, in den Bänken ein kümmerliches Grüppchen handverlesener Gläubiger, keine feiernde Menge drängt sich auf dem riesigen Platz. Verwaist sind die Kirchen in aller Welt, verwaist die ehrwürdigsten Stätten im Heiligen Land.

Nicht einmal die Verfolgungen hatten den gemeinschaftlichen Geist des Osterfestes auslöschen können. In den Erinnerungen von Jewgenija Ginsburg, einer politischen Gefangenen in den Zeiten des Stalinismus, ist nachzulesen, wie eine Gruppe von orthodoxen Ordensfrauen am Osterfest des Jahres 1940 im Gulag ihr Arbeitsgerät niederlegte: Als man sie zur Strafe zwang, die Schuhe auszuziehen, beteten sie barfuß weiter, während sich um sie herum eisige Schmelzwasserlachen bildeten. Die Polin Natalia Tułasiewicz, inzwischen seliggesprochen, predigt am Osterfest des Jahres 1945 vor ihren Mitgefangenen in einer Baracke im Konzentrationslager Ravensbrück über das Leiden Christi: Wenige Stunden später stirbt sie in der Gaskammer. Selbst im Vernichtungslager der Nazis in Bergen-Belsen lassen es sich die deportierten Juden nicht nehmen, den Sederabend und die Nacht des Pessach zu feiern.

Die Theologin Lilla Sebastiani ist bestürzt über dieses erste Ostern seit Menschengedenken, das ohne echte Feiern stattfindet. Das nahezu bewegungslose Bild des allein zelebrierenden Priesters im Fernsehen lässt ihr schmerzlich bewusst werden, dass die »Anwesenheit des Volkes ohne Bedeutung ist«[3]. Das Virus tötet die Wärme der gemeinschaftlich erlebten Liturgie. In der kirchlichen Umgangssprache verbreitet sich der Begriff des »eucharistischen Fastens«, des liturgischen Fastens. Die Messe ohne Gläubige zu feiern, gesteht Matteo Zuppi, der Kardinal von Bologna, sei eine sehr harte Prüfung, weil alles, was er als Priester und Bischof tut, in einem Kontext der Beziehungen zu den anderen geschieht. »Die fehlende Körperlichkeit, das hat mir am meisten ausgemacht.«[4]

Die Furcht vor der Ansteckung und die Einhaltung der vom Staat erlassenen Regeln revolutionieren jahrtausendealte Bräuche. Den Gläubigen wird der Kontakt zu ihren Seelsorgern genommen. Die Priester sehen sich gezwungen, vollkommen allein zu zelebrieren. Man hilft sich mit Streaming-Messen, erfindet Drive-in-Gottesdienste. In Frankreich zelebriert der Bischof von Châlons-en-Champagne vor 500 Gläubigen, die sich in

200 Pkws verschanzt haben und die Liturgie über das Autoradio verfolgen. Die Presseagentur AFP veröffentlicht das Bild eines französischen Priesters, der an der Tür seines Pfarrhauses in Limoges ein Beichtgitter hat anbringen lassen und einer Gläubigen, die im Auto sitzt, die Beichte abnimmt. In Amerika, in der Pfarrei einer Kleinstadt in Maryland, ist der Pfarrer pragmatischer. Er verwandelt den Parkplatz der Kirche in einen Open-Air-Beichtstuhl: Um die Pönitenten und sich selbst vor dem Virus zu schützen, hört er die Beichte hinter einem großen Vorhang. In Warschau ist es ähnlich: Der Priester sitzt auf einem Stuhl und die Autos der Beichtenden fahren in sicherem Abstand an ihm vorüber.

Priester und Ordensleute verstärken und vervielfachen den Einsatz der sozialen Medien oder entdecken sie ganz neu. Viele sind gezwungen, binnen Wochenfrist zu Experten in digitaler Kommunikation zu werden. Die Präsenzen, Botschaften und Initiativen auf Facebook, YouTube, Zoom, Skype, Instagram, den Webseiten der Institutionen explodieren geradezu. Die Wirkung, so die kirchlichen Verantwortungen, ist spürbar. YouTube wird der Kanal für die Jugendkatechese und die Ehevorbereitungskurse. Dort werden Botschaften der Hoffnung verbreitet und die Erfahrungsberichte von Gemeindemitgliedern gesammelt und veröffentlicht. Pfarrer versuchen sich zum ersten Mal in ihrem Leben an der Erstellung eines Podcasts. Die digitalen Kanäle werden für die Ausbildung der Pfadfinder und Firmkatechesen genutzt.

Für manche Diözesen, die im Lockdown vom März eine Facebook-Seite oder einen Instagram-Account einrichten, sind die sozialen Medien völliges Neuland.

Auch die Klausurschwestern lassen sich etwas einfallen. In der Basilika der heiligen Rita im umbrischen Cascia organisieren sie – um den Wallfahrtenstopp zu überbrücken – ein pausenloses Streaming namens *#Maratona-FestaSantaRita*, das acht Stunden lang auf allen sozialen Kanälen zu sehen ist. Wieder einmal wird die – schon seit Jahrzehnten obsolete – Vorstellung von der Klausur als einer Art Bunker, der die Nonnen von der Außenwelt abschneidet, Lügen gestraft. Wer nicht über die nötige Ausstattung verfügt, bittet um Hilfe und gibt sich mit Feuereifer ans Lernen. Den Augustinerinnen von Cascia gelingt es, eine dauerhafte virtuelle Plattform einzurichten, wo die Pilger Aufnahme, Beistand und Gehör finden. Streaming-Messen, Gedenkfeiern für Verstorbene, Video-Gebetsbotschaften, wöchentliches stilles Gebet am Schrein der heiligen Rita und morgendliche Rosenkranzandachten werden organisiert, um das Netz eines gemeinschaftlichen Glaubens zu spinnen. Und auch altbewährte Methoden wie E-Mails, Telefonate und Briefe helfen, den Kontakt zu den Menschen aufrechtzuerhalten.[5]

Solche Praktiken greifen im riesigen Leib des Weltkatholizismus allerorten um sich. Und sorgen für eine erste Überraschung. Nicht wenige Priester stellen in Zeiten des Virus fest, dass die digitale Kommunikation – via Internet übertragene Rosenkranzandachten, Liturgiefeiern, *Lectio-divina*-Impulse, eucharistische Anbetungen und kollektive Events – ein größeres Publikum erreicht, das weit über den gewohnten Kreis der Kirchgänger hinausgeht. Ein Zeichen für das Kommunikationsbedürfnis all derer, die in ihren eigenen vier Wänden zu ersticken fürchten. Und für eine religiöse Sehnsucht, die allerdings in normalen Zeiten nicht dazu führt, dass die Menschen in die Kirche gehen.

Im Großen und Ganzen fügt sich der Klerus diszipliniert in die Restriktion einer Messfeier ohne Gläubige. Einige Dutzend Fälle – Pfarrer, die trotz Lockdown mit heimlich in die Kirche geholten Gläubigen Präsenzmessen feiern – ändern nichts am Gesamtbild. Hier und da wird eine Strafzahlung für eine nicht genehmigte Prozession fällig. Franziskus wünscht, dass man den von der gesundheitlichen Notlage diktierten Regeln bereitwillig Folge leistet. Und so geschieht es.

Italien wird nicht zum Schauplatz so eklatanter Fälle von Fanatismus, wie sie sich in Richmond in den USA zutragen, wo der evangelikale Bischof Gerald Glenn der Anweisung der örtlichen Behörden trotzt, die Versammlungen von mehr als zehn Personen verbietet. In seiner Kirche, so Glenn, »sind wir alle in Sicherheit [...], Gott ist viel größer als dieses so gefürchtete Virus [...]. Solange man mich nicht ins Gefängnis oder ins Krankenhaus bringt, werde ich weiterhin das Wort Gottes verkünden.« Er wird krank und stirbt binnen zehn Tagen. Seine Tochter richtet einen herzergreifenden Appell an ihre Landsleute, zu Hause und in Sicherheit zu bleiben.[6]

Das Virus bringt das Leben der Priester durcheinander. Der unerwartete Wegfall eines ganzen Bergs an alltäglichen Aufgaben zwingt viele Kleriker zur Gewissenserforschung. Das Trommelfeuer aus Gottesdiensten, Begegnungen, Gesprächen, Versammlungen, Kursen, Bibellesekreisen und Gebetsgruppen ist verstummt, der zermürbende Druck, mehrere Gemeinden zu betreuen und von einem Termin zum nächsten hetzen zu müssen, ist plötzlich nicht mehr da, und etliche Priester sind gezwungen, sich mit sich selbst auseinanderzusetzen. Das sind sie nicht mehr gewohnt.

Bei einigen führt die Zwangspause zu Langeweile, sie sind gereizt und suchen nach Ablenkung. Andere nehmen sie als Ansporn, über Sinn und Wirksamkeit dessen nachzudenken, was sie tagtäglich tun. Darüber, was wirklich die Mitte ihres Lebens und ihrer Sendung ausmacht. »In den letzten Jahren, als meine Aufgaben, die ich eigentlich immer gerne gemocht habe, immer zahlreicher wurden, habe ich herausgefunden, dass im Grunde die Müdigkeit überwiegt, das Gefühl, dass mir das Wasser bis zum Hals steht«, erklärt ein Mailänder Pfarrer. Wird er so weitermachen wie früher, wenn die Epidemie erst einmal vorüber ist? »Die Antwort ist ein klares Nein.«[7]

Manche Priester im massigen Gefüge der kirchlichen Institution haben die von Papst Franziskus propagierte Sicht einer Kirche verinnerlicht, die frei ist von den Fesseln der Selbstbezogenheit. Nebenbei bemerkt waren nicht wenige Geistliche schon vor der Wahl des argentinischen Papstes Bergoglianer. Wie jener römische Pfarrer, der seine Mitbrüder aufruft, sich auf den Weg zu machen, weil er in der Epidemie neue Türen und Zugänge zu den Männern und Frauen unserer Zeit, zu den neuen Formen der Armut und zu den Verletzungen erkennt, die nur darauf warten, von »Christus dem Arzt« behandelt zu werden. Wer, wenn nicht der Priester, soll denn imstande sein, gerade jetzt, in dieser Zeit des durch das Coronavirus verursachten Schiffbruchs, den orientierungslosen und verängstigten Zeitgenossen zur Seite zu stehen?

Den Schmerz, die Verlorenheit, die Sorge des anderen zumindest ein Stück weit im eigenen Herzen nachzufühlen: Nur das kann die Identität eines Priesters von heute ausmachen und ihm Autorität verleihen, ihn zum Bild eines Gottes werden lassen, der mit den Menschen leidet – meint der Priester und Psychotherapeut Amedeo Cencini, dem zufolge die Tätigkeit des Priesters sich nicht auf die Wiederholung des immer gleichen pastoralen Angebots beschränken kann. Das hieße, Treue mit Mittelmaß zu verwechseln.[8] Dieses Thema greift Papst Franziskus seit Beginn seines Pontifikats immer und immer wieder auf. Das Dasein eines Priesters, eines Ordensbruders, einer Ordensschwester, darauf beharrt er, bestehe nicht darin, sich auf »apostolische Programme« zu konzentrieren, »die immer größer, akribischer und besser gestaltet sind«. Niemals dürfe man der Versuchung erliegen, die Zeit mit Diskussionen über Erfolge oder Misserfolge zu vergeuden. Und noch schlimmer sei es, den »Einfluss« als Maßstab anzulegen.[9]

Franziskus hegt keine Sympathie für einen Klerus, der nach Manager-Art eine Tagesordnung abarbeitet. Der Priester soll Seelsorger sein, Hirte: »kein Funktionär, kein bezahlter Knecht, kein Unternehmer«. Ebenso schädlich ist es, in der Routine stecken zu bleiben: Floskeln wie »Wir tun, was wir können« oder »Das haben wir doch schon immer so gemacht« sind tödlich in den Augen des argentinischen Pontifex, »ein süßes Gift«, das »deine Seele beruhigt und dich gleichsam narkotisiert und dich nicht unterwegs sein lässt«[10]. Für den Papst wird die Berufung dann Wirklichkeit, wenn der Priester seinen Leuten unter die Arme greift: den Familien, den Jugendlichen, den alten Menschen und den Ärmsten, die die Gesellschaft aussortiert und am Wegrand liegen lässt.

Der italienische Katholizismus – Gläubige, Priester und Bischöfe – reagiert großzügig auf den Aufruf. Die italienische Bischofskonferenz (CEI) stellt 200 Millionen Euro Ersthilfe bereit. Freiwillige – Vereine und einfache Bürger – helfen Menschen in Quarantäne und alten Menschen und versorgen sie mit Lebensmitteln. In den am heftigsten vom Virus betroffenen Gebieten greifen

Bistümer und Pfarreien zu den verschiedensten Maßnahmen. In Bergamo werden auf Anregung des dortigen Bischofs Francesco Beschi die Zimmer des Priesterseminars für auswärtige Ärzte und Pfleger zur Verfügung gestellt; die Diözese beherbergt Menschen in Quarantäne, die nicht nach Hause zurückkehren können; man findet sichere Wohnungen für Obdachlose, eröffnet ein ständiges Hilfszentrum und organisiert gemeinsam mit örtlichen Unternehmern eine außerordentliche Spendenkampagne. Andere Diözesen entlang des Feuerrings der Pandemie bringen ähnliche Initiativen auf den Weg.

Die Caritas hilft mit ihren »Tafeln«: Supermärkten, zu denen in Armut lebende Familien und Einzelpersonen über die Hilfszentren der Pfarrgemeinden und Diözesen Zugang erhalten. Gegen Vorlage einer befristet gültigen Punktekarte können sie Dinge des täglichen Bedarfs mit nach Hause nehmen: Nudeln, Brot, Dosentomaten, Öl, Zucker, Kaffee, Konserven, Babynahrung, Windeln und darüber hinaus eine Reihe von Produkten, die – je nachdem, was die Geschäfte spenden – von Mal zu Mal unterschiedlich sind. Gemeinden und Unternehmen beteiligen sich an der Finanzierung der Initiative. Und die Tafeln sind nicht alles. In den Pfarreien treffen Carepakete ein. Außerdem engagiert sich die Caritas für die Verteilung von Einkaufsgutscheinen und die Zahlung von Mietzuschüssen und organisiert Beratungen in Sachen Verhandlung (oder Neuverhandlung) von Krediten.

Das Ausmaß der Krise zeigt sich an der sprunghaft wachsenden Menge der Bedürftigen. Zwischen März und April 2020 verdoppelt sich in Rom die Zahl der Menschen, die sich bei den Tafeln versorgen. Wo vor dem 8. März 60 bis 70 Personen täglich kamen, sind es nun 150. In den 150 Pfarreien der Hauptstadt treffen Pakete mit Lebensmitteln ein. In den ersten beiden Monaten des Lockdowns verdreifacht sich die Menge der Hilfesuchenden: 2200 Familien und Einzelpersonen in nur 30 Tagen.[11] Eine Explosion der Armut infolge der Pandemie. Die sich auf institutioneller Seite unter anderem an der Zahl der Einkaufsgutscheine bemerkbar macht, die bei den Kommunen beantragt werden: 55 000 in den ersten zehn Tagen im Mai allein in der Stadt Rom.

In Mailand verzeichnet die ambrosianische Caritas ähnlich hohe Zahlen. Die Menge der von den Tafeln ausgegebenen Lebensmittel wächst um 50 Prozent. Jeden Tag werden in diesen Supermärkten der Solidarität elf Zentner an Waren verteilt. In der Diözese Mailand – flächenmäßig das größte Bistum Europas – leiden mittlerweile nicht weniger als 16 500 Familien Hunger. Buchstäblich. Das Phantombild dieses unsichtbaren Hungers setzt sich aus unterschiedlichsten Identitäten zusammen: Da sind Angestellte und Unternehmerinnen, Lehrer und Haushaltshilfen, Fachkräfte mit befristeten und unbefristeten Verträgen, Kleinunternehmer, Schwarzarbeiter und Geflüchtete.[12] Die 180 Tafeln, die es in Italien gibt, sind ein Querschnitt durch eine Gesellschaft, die immer weiter abwärts rutscht.

Es sind Szenen wie aus einer anderen Zeit. Sie habe seit zwei Monaten kein Fleisch gegessen und könne nur Nudeln und Reis auf den Tisch bringen, erzählt eine Mutter von drei Kindern – und man beginnt zu ahnen, wie düster die Zukunft aussieht. Wenn in einem Land, das zu den führenden Industrienationen gehört, solche Verhältnisse herrschen, dann ist es keine abwegige Vorstellung, dass die Folgen der COVID-19-Seuche Millionen von Verzweifelten auf der ganzen Welt mit sich fortreißen werden.

Im nahen Spanien hat die destabilisierende Wirkung des Virus die Situation von 1,3 Millionen Menschen ans Licht gebracht, die bis auf den heutigen Tag mit ihren verschlechterten Lebensbedingungen für die Lehman-Brothers-Krise von 2008 bezahlen. In Barcelona ist die Zahl derer, die die Suppenküchen frequentieren, infolge des chronischen Nahrungsmangels um 30 Prozent gestiegen.[13] Im Mai weist Caritas international auf die Gefahr hin, dass 230 Millionen Menschen von den wirtschaftlichen Folgen der Pandemie betroffen sein könnten. Das Gespenst des Hungers geht laut Analysen des Welternährungsprogramms der Vereinten Nationen vor allem in Afrika um, das ohnehin schon von mageren Ernten, Heuschreckeninvasionen und Dürre geplagt ist. Schwerwiegende Ernährungsprobleme drohen auch in einer Reihe von Ländern des Nahen Ostens, Asiens und Lateinamerikas.

Franziskus will, dass seine Kirche eine »Schulter« ist, auf die sich alle diejenigen stützen können, die an den Rand gedrängt werden. Während Italien und die Welt besorgt auf die Kurve der Infektionen und Todesfälle blicken, predigt Bergoglio unermüdlich immer und immer wieder, dass es ein schlimmeres Virus gibt: das Virus des »gleichgültigen Egoismus«. Die Krankheit derer, die bereit sind, die Zurückgebliebenen zu vergessen, und meinen, »dass das Leben besser wird, wenn es besser wird für mich, dass alles gut ausgeht, wenn es gut ausgeht für mich«. Auf diese Weise, mahnt der Papst, bereite man den Boden für eine Auswahl, die im Namen der Gleichgültigkeit getroffen wird. Die Armen werden aussortiert und man geht so weit, »diejenigen auf dem Altar des Fortschritts zu opfern, die dahinter zurückbleiben«. Doch: »Wir sind alle zerbrechlich, alle gleich, alle wertvoll.«

Das, was geschieht, betont Bergoglio, müsse die Gesellschaft aufrütteln, sie dazu drängen, Ungleichheiten auszuräumen, »die Ungerechtigkeit zu heilen, die die Gesundheit der gesamten Menschheit bedroht!«. Franziskus spricht diese Worte an einem Tag im April: dem Sonntag, der der göttlichen Barmherzigkeit geweiht ist, einem Fest, auf dessen Einführung Johannes Paul II. aus Verehrung für die polnische Mystikerin Faustyna Kowalska allergrößten Wert gelegt hatte. Es gibt eine direkte

Verbindung zwischen der Aufmerksamkeit, die Papst Wojtyła den sozialen Fragen immer gezollt hat, und der Vision von Jorge Mario Bergoglio. Der argentinische Papst stellt uns das gelebte Miteinander der Apostel als Vorbild vor Augen, die sich um die Bedürfnisse der Gemeinschaft kümmerten und jedem das Nötige zuteilten, und erklärt abschließend: »Das ist keine Ideologie, das ist Christentum.«[14]

In der Stunde der Pest spricht Franziskus der katholischen Gemeinschaft tagtäglich Mut zu, doch wie stets spricht er ungeachtet ihres Glaubens zu allen seinen Zeitgenossen. Er kann die Gläubigen nicht mehr von Angesicht zu Angesicht sehen, und das macht ihm zu schaffen. Er fühlt sich »wie im Käfig«, vertraut er seinen Mitarbeitern an. Auch auf dem Petersplatz sind Versammlungen verboten. Der Vatikanstaat passt sich an. Den sonntäglichen *Angelus* betet der Papst nicht mehr vom Fenster des Apostolischen Palasts aus, sondern drinnen, in der Bibliothek. Das Fernsehen ist dabei. Und seit die Italiener ihre Häuser nicht mehr verlassen dürfen, wird auch die Messe ausgestrahlt, die der Papst allmorgendlich allein in der Kapelle des Gästehauses Santa Marta feiert.

Tag für Tag wendet sich Franziskus in den üblichen violetten Gewändern der Fastenzeit an die alten Menschen, an die, die allein sind, an die Mediziner und das Pflegepersonal, an Lehrende und Studierende. An alle, die sich isoliert fühlen, sich Sorgen machen oder sich in einem überfüllten Gefängnis vor Ansteckung fürchten. An die Menschen mit Behinderung und an die, die ihnen beistehen. An die Frauen, die an vorderster Front in der Pflege und Betreuung arbeiten: Ärztinnen, Krankenschwestern, Ordnungskräfte und Vollzugsbeamtinnen, Angestellte in den Geschäften des täglichen Bedarfs. Die Ärzte und das Pflegepersonal, ruft Franziskus aus, sind die Helden des Alltags: Gemeinsam mit den Priestern, die ebenfalls in Ausübung ihrer Tätigkeit gestorben sind, nennt er sie die »Heiligen von nebenan«. Beim *Angelus* nach der ersten Lockdown-Woche spricht er von den Geistlichen, die – wohl wissend, dass man einen »Don Abbondio« in Zeiten der Pandemie nicht gebrauchen kann – tausend Wege gefunden haben, um ihrem Volk nahe zu sein.[15] Bis Ende Mai werden in Italien 121 Priester an COVID-19 gestorben sein.

Doch der argentinische Papst will auch das Gewissen derer wachrütteln, die einzig und allein daran denken, sich selbst und die Ihren zu retten. Er erinnert an die Verzweiflung derer, die Wohnung und Arbeit verloren haben, an das Gefühl der Verlassenheit derer, die nicht wissen, wohin sie sich wenden sollen. Er erinnert an die häusliche Gewalt gegen Frauen. Er erinnert daran, dass Profiteure, Mafiosi und Wucherer sich von der Not nicht aufhalten lassen. Es gibt keinen Lockdown für Ausbeuter, die keine gerechten Arbeitslöhne zahlen, oder für Menschenhändler. »Auch heute verkauft man Menschen. Jeden Tag. Es gibt da so manchen Judas, der seine Brüder und Schwestern verkauft ...« Jesiden-Mädchen werden an die Terroristen des IS verkauft, erklärt Bergoglio, um ein konkretes Beispiel zu nennen – und alle tun, als wüssten sie von nichts.[16]

Am 30. April 2020, als die Zahl der Toten bereits die Schwelle von 28 000 erreicht, die Zahl der Infizierten weltweit die drei Millionen überschritten und die Seuche mehr als 230 000 Todesopfer gefordert hat, ruft Franziskus dazu auf, der – »sagen wir es so: namenlosen Verstorbenen« zu gedenken. Derer, die ohne Namen und ohne letztes Geleit begraben wurden. »Wir haben die Fotos der Massengräber gesehen«, ruft er aus. »So viele ...«[17]

Gott aber vergisst die Männer und Frauen nie, betont der Pontifex, der aus der argentinischen Metropole mit ihren unzähligen Elendsvierteln kommt, »er vergisst niemals. Doch, er vergisst nur in einem Fall, nämlich wenn er die Sünden vergibt. Nachdem er sie vergeben hat, verliert er die Erinnerung an sie, er erinnert sich nicht an die Sünden.« Das ist die Theologie, die Bergoglio seit sieben Jahren predigt.

Ostern ohne das Volk der Gläubigen ist eine verstümmelte Feier, doch der Kreuzweg des Jahres 2020 wird den Menschen aufgrund der Kraft in Erinnerung bleiben, mit der sich Franziskus' gewaltlose Präsenz gegen alle Widrigkeiten durchsetzt. Noch einmal wird der Petersplatz zur Bühne, dieser steinerne Zeuge der Inthronisierung und

Beisetzung von Päpsten, des blutigen Attentats gegen Wojtyła und der Katharsis seines Dahinsterbens.

Für die Römer, die Gläubigen, die Pilger war es schon ein Schlag, dass die traditionelle Karfreitagszeremonie am Kolosseum abgesagt werden musste. Ein Zeichen dafür, dass die Pandemie alles andere überlagert. Doch der argentinische Papst schwingt sich zu einer Inszenierung auf, die noch weit beeindruckender ist. In jenem außerordentlichen, von Bramante, Michelangelo und Bernini geschaffenen Raum, abendlich beleuchtet, während Rom ins Dunkel getaucht scheint, spricht Franziskus durch Symbole, die für alle verständlich sind: Glaubende wie Nicht-Glaubende, Anhänger jedweder Religion oder Philosophie.

Der Papst alleine vor der Basilika in Erwartung des Kreuzes, ein Ruhepunkt inmitten der Katastrophe, die die Welt erschüttert. Die Prozession der Betenden mit Fackeln in den Händen, die, eine Spur aus Flammen ziehend, hinter dem Kreuz hergeht. Ein kleines Grüppchen, verloren auf dem verwaisten Platz, das unter Gebeten und Gesängen den Obelisken umrundet, als wolle es die imaginären Grenzen des Erdkreises abschreiten. Sie gehen langsam, und schließlich steigen sie die Stufen zum Petersdom empor, um das Kreuz in die Arme des greisen Papstes zu legen, damit er Christus die Leiden der ganzen Welt übergibt. Er ergreift das »Holz der Erlösung«, der greise Papst, und erinnert mit verschleierter, zuweilen brüchiger Stimme daran, dass Gott dem gefallenen Menschen aufhilft. »Komm unserer Schwachheit zu Hilfe und öffne uns die Augen, damit wir die Zeichen deiner Liebe erkennen können, mit denen unser Alltag übersät ist.«[18] Es ist jedes Jahr eine andere Person oder Gruppe, der der Papst die Aufgabe anvertraut, die Kreuzweggebete zu verfassen. Für 2020 wollte er, dass in den Meditationen die Insassen eines Gefängnisses in Padua zu Wort kommen, wo Marco Pozza als Seelsorger tätig ist.[19]

Jorge Mario Bergoglio hat schon als Erzbischof immer eine besondere Nähe zur Welt der Gefängnisse gesucht. Als Papst hat er die Fußwaschungszeremonie am Gründonnerstag häufig in einer Justizvollzugsanstalt stattfinden lassen. Dieser Ritus erinnert an die Geste, die Jesus vor dem Letzten Abendmahl an seinen Jüngern vollführt hat. Für Bergoglio symbolisiert sie den demütigen Dienst, zu dem die Kirche berufen ist: einen Dienst an der Menschheit und insbesondere an jenen, die sich am äußersten Rand befinden. Und wer sind diese »Geringsten« der Geringen, wenn nicht die Häftlinge? Also hat sich Franziskus im Lauf der Jahre immer wieder auf den Weg in die Gefängnisse gemacht: Casal di Marmo, Rebibbia, Regina Coeli, Velletri …

Das Gefängnis ist ein Mikrokosmos, in dem sich das Unglück der Welt spiegelt. Das Böse und der Wunsch nach Erlösung, die Verzweiflung und die Hoffnung. Und die menschliche Schwäche. Nur die Heuchler, sagt

Franziskus, glauben, sie seien gegen das Fallen gefeit. Denn es verläuft nur ein schmaler Grat zwischen dem, der frei, und dem, der verurteilt ist. »Ich frage mich: Warum er und nicht ich? Verdiene ich mehr als er, der da drinnen ist? Warum ist er gefallen und ich nicht? Das ist ein Geheimnis, das mich ihnen nahebringt«, gesteht er bei einer Begegnung mit Gefängnisseelsorgern kurz nach seiner Wahl.

Anrufungen erklingen auf jenem Platz, den die ganze Welt kennt, und aus dem Grüppchen der Männer und Frauen steigen Gebete empor. »Ich stehe allein vor dir, im Dunkel dieses Gefängnisses«, so beten sie, »arm, nackt, hungrig und verachtet, und ich bitte dich, meine Wunden mit dem Öl der Vergebung und des Trostes und mit dem Wein jener Brüderlichkeit zu salben, die das Herz stark macht. […] Lehre mich, mitten in der Verzweiflung zu hoffen.«

Die Texte stammen unter anderem von einem Lebenslänglichen, Häftlingen, Verwandten von Inhaftierten, Eltern eines ermordeten Mädchens, einem Richter, einem der Pädophilie beschuldigten und später freigesprochenen Priester, und einem Wärter, der auch Diakon ist.

Nun stehen sie da, auf dem Petersplatz. Sie alle haben eine Geschichte, eine Erfahrung mit dem Bösen, das sie erlebt, erlitten oder beobachtet haben. »Die Wunden wachsen im Laufe der Zeit und rauben uns sogar den

Atem«, sagt die Mutter eines Verurteilten. »Das Böse hat mich fasziniert, und ich habe dem nachgegeben«, gesteht ein Häftling. Niederlage, Einsamkeit, Reue, mangelndes Verständnis – das sind die Schatten, mit denen es eine Katechetin zu tun hat, die Monat für Monat das Gefängnis besucht.

Zu Hause vor den Fernsehgeräten sehen Frauen und Männer zu, die wegen der Ausgangssperre nicht hinaus können. Fast acht Millionen allein in Italien. Auch sie halten inne, als sich bei der zwölften Station ein langes Schweigen über den Petersplatz senkt. Alles ist reglos, alles ist still. Es ist die Stunde, in der Jesus von Nazaret am Kreuzbalken seinen letzten Atemzug tut. Ein Moment des inneren Gebets.

Im Sturm der Pest zeigt Franziskus, dass der Glaube ein Wort mitzureden hat: dass er Männer und Frauen drängt, über die Gegenwart Gottes und den Sinn des Zusammenlebens nachzudenken. Dadurch, dass er die Ausgegrenzten zu Wort kommen lässt, und durch dieses lange Schweigen sorgt Franziskus dafür, dass das große Gebet die konfessionellen Grenzen überschreitet und an den geheimnisvollen Zusammenhang rührt, der in jeder Religion zwischen Gott und dem Schmerz besteht.

Es ist kein Zufall, dass im fernen Neu-Delhi der nationalistische Leader Narendra Modi, obwohl er seinen Aufstieg der Bewegung der ultrafundamentalistischen

Hindus verdankt, das Bedürfnis verspürt, einen Tweet mit folgendem Wortlaut zu veröffentlichen: »An Karfreitag erinnern wir an Christus den Herrn und seinen Einsatz für Wahrheit, Dienst und Gerechtigkeit.«

In den Monaten des Lockdowns fehlt es in den Homilien, die der Pontifex allmorgendlich in der schmucklosen Kapelle von Santa Marta hält, nicht an Anspielungen auf die Politik. Glaube, Solidarität, Verantwortung für das gemeinsame Haus aller – für die Nation, in der man lebt, für den Planeten, den die Menschheit bewohnt –, das ist der Dreiklang, der Franziskus' Denken zugrunde liegt. Unter dem Druck der Pandemie sollen die Politiker gemeinsam das Wohl ihres Landes und nicht ihrer jeweiligen Partei anstreben.

Europa, das im Denken der römischen Päpste von Paul VI. bis Benedikt XVI. höchste Priorität hatte und das Johannes Paul II. von seinen christlichen Wurzeln her gestärkt sehen wollte, liegt Franziskus im Zeitalter der souveränistischen und populistischen Bewegungen sehr am Herzen. In der Zeit des großen Lockdowns, als die Italiener sich fragen, ob aus Brüssel Hilfe kommen wird, um die Wirtschaft vor dem Zusammenbruch zu bewahren, spricht Bergoglio das Thema nicht weniger als dreimal an. Er ruft dazu auf, zu beten, damit es Europa gelingt, sich mit der geschwisterlichen Einigkeit zu präsentieren, von der seine Gründerväter geträumt hatten. Er mahnt die politischen Verantwortlichen der

Europäischen Union, die gesellschaftlichen und wirtschaftlichen Folgen der Pandemie in einem Geist der Eintracht und Zusammenarbeit zu bewältigen.[20]

Angesichts der Zersetzungserscheinungen, die der Multilateralismus seit einigen Jahren zeigt, ist Bergoglio und der vatikanischen Diplomatie durchaus bewusst, dass man der Schwächung und dem Zerfall der Europäischen Union entgegenwirken muss. Am 7. Mai 2020 führt der Papst ein intensives Telefonat mit der deutschen Kanzlerin Angela Merkel. Er braucht keinen Dolmetscher. Er spricht Deutsch, seit er 1986 einen Teil seiner Studienzeit in Deutschland verbracht hat. Das Gespräch dreht sich um die Dringlichkeit eines gemeinsamen Vorgehens gegen die dramatischen Folgen der Pandemie insbesondere in den ärmeren Ländern. Als roter Faden dient das Wort »zusammenhalten«. Es gilt, die Bindungen zwischen den europäischen Staaten und die internationale Zusammenarbeit zu stärken. »Zusammenhalt [der Union] und Solidarität in Europa«, so eine Pressemitteilung, seien die beiden Punkte, die Franziskus und Merkel für wesentlich hielten. Der Papst betont das Prinzip der Solidarität auf internationaler Ebene und die Verantwortung der wirtschaftlich starken Staaten gegenüber den schwächeren Ländern.

Auch dem Aufruf nach einem weltweiten Waffenstillstand, den UNO-Generalsekretär António Guterres angesichts der unaufhaltsam steigenden Pandemiekurve an die globale Gemeinschaft richtet, schließt sich der Pontifex unverzüglich an. Bei den Vereinten Nationen sorgt man sich um den Zusammenbruch der Gesundheitssysteme in den Kriegsgebieten, wo nicht einmal das medizinische und das Pflegepersonal vor Angriffen sicher sind.

Während die Pest sich ausbreitet, versäumt es Franziskus nicht, die interreligiösen Beziehungen zu stärken, um die großen Religionen zu einem solidarischen Vorgehen zu bewegen. Im Anschluss an das Dokument über die *Brüderlichkeit aller Menschen für ein friedliches Zusammenleben in der Welt*, das der Papst und der Großimam der al-Azhar-Moschee im Februar 2019 gemeinsam in Abu Dhabi unterzeichnet haben, ist ein islamisch-christliches Komitee zur Förderung der darin formulierten Ziele gegründet worden. Nach 14 Jahrhunderten der Konflikte, Feindseligkeiten und Spannungen ist dieses Dokument die erste Vereinbarung überhaupt, die jemals zwischen einem Papst und der Leitung von al-Azhar, dem repräsentativsten religiösen und normativen Zentrum des sunnitischen Islams, getroffen wurde. Grundlage des Texts ist die Anerkenntnis, dass der religiöse Pluralismus von Gott gewollt ist und dass »der Glaube [...] den Gläubigen im anderen einen Bruder sehen [lässt], den man unterstützt und liebt«, was einer prinzipiellen Verurteilung jedweder fundamentalistischen Anschauung gleichkommt. Mitglied des Komitees ist auch der amerikanische Rabbiner Bruce Lustig, Vertreter der jüdischen Gemeinde von Washington und Organisator des ersten abrahamitischen

Gipfels in den Vereinigten Staaten, der die führenden Würdenträger der drei monotheistischen Weltreligionen zusammenbrachte.

Das Komitee ruft für den 14. Mai einen Tag des Gebets und des Fastens aus, um für das Ende der Pandemie zu beten. Alle Menschen überall in der Welt können teilnehmen – ungeachtet ihres Glaubens, ihrer Religion oder ihrer Weltanschauung. Das Besondere an dieser Initiative ist, dass sie sich auch an Nicht-Glaubende richtet. Die Gläubigen aller Religionen sollen beten, und die Nicht-Glaubenden sollen innehalten zu einem »spirituellen Gedanken, einer Reflexion über das Menschsein«. Die einen wie die anderen sind eingeladen, zu einer konkreten Initiative beizutragen, um den Notleidenden zu helfen, erklärt Kardinal Miguel Ángel Ayuso Guixot, Sekretär des Komitees und Präsident des Päpstlichen Rates für den interreligiösen Dialog. Denn die Krise »hat uns mit der Tatsache konfrontiert, dass wir alle Teil der einen und einzigen Menschheitsfamilie sind« und dass die Reaktion darauf nur eine geschwisterliche sein kann.[21] Auch hier hat Bergoglios besondere Theologie ihren Niederschlag gefunden.

Papst Franziskus spricht der Initiative offiziell seine Unterstützung aus und wendet sich gegen die ewige traditionalistische Guerilla, die gemeinsame religiöse Gesten ablehnt, weil sie sich vor einem synkretistisch verseuchten Christentum fürchtet. Die Pandemie, ruft er aus, ist wie eine Sintflut über uns gekommen, und jetzt beten wir alle gemeinsam, Brüder und Schwestern aller religiösen Bekenntnisse. »Vielleicht wird es einige geben, die sagen: ›Das ist doch religiöser Relativismus, und das kann man nicht tun.‹ Wieso kann man das nicht tun, zum Vater aller Menschen beten? Jeder betet so, wie er es vermag, wie er es von der eigenen Kultur empfangen hat.« Wichtig ist, so Bergoglio, dass wir »nicht gegeneinander« beten, »diese religiöse Tradition gegen jene, nein!«. Dass wir alle als Menschen, als Brüder und Schwestern vereint sind – darauf kommt es an.[22]

Ab dem 18. Mai dürfen in den Kirchen wieder Gottesdienste stattfinden. Leere Weihwasserbecken, weit auseinanderliegende Sitzplätze, begrenzte Teilnehmerzahlen (nicht mehr als 200 Personen), freiwillige Helfer, die auf die Einhaltung der Abstände achten, Orgelmusik ja, Chorgesang nein, der Priester, der mit Handschuhen und OP-Maske die Kommunion austeilt, die vorschriftsmäßige Desinfektion der *Vasa sacra*, Messkännchen und Mikrofone. Auch der Petersdom ist wieder geöffnet. Am Sonntag, dem 17. Mai, zeigt sich Franziskus zum ersten Mal am Fenster der päpstlichen Wohnung zu einem schweigenden Segen über dem immer noch menschenleeren Platz. Nur am Anfang der Via della Conciliazione stehen eine Handvoll Zuschauer.

Nach dem Lockdown beendet der Papst die Live-Übertragungen aus Santa Marta. Er will nicht, dass um seine

Feiern herum ein Kult entsteht. Er weist darauf hin, dass die Messe ein gemeinschaftlicher Ritus von Personen aus Fleisch und Blut ist. Eine virtuelle Kirche kann es nicht geben, betont er. Kirche, Sakramente, Volk Gottes – das alles muss konkret sein. Der Einsatz des Fernsehens oder der digitalen Medien war nur eine Notmaßnahme. »Um aus dem Tunnel herauszukommen, nicht damit es so bleibt.«[23]

Eineinhalb Millionen Gläubige haben die Frühmesse in Santa Marta tagtäglich verfolgt. Vier Millionen haben auf *TV2000*, dem Fernsehsender der Bischöfe, gemeinsam mit ihm den »Rosenkranz für Italien« gebetet, weitere 1,1 Millionen waren via Streaming auf den Webseiten von *Avvenire* und *Vatican News* sowie auf der Facebook-Seite der italienischen Bischofskonferenz dabei.

Für Bischof Stefano Russo, Generalsekretär der CEI, sind die dramatischen Auswirkungen der Pandemie ein »Weckruf« für die Gesellschaft und eine Erfahrung, die die gesamte Kirche infrage stellt. Die Chance auf einen Neuanfang. Die Gelegenheit, neu darüber nachzudenken, »wer wir sind und wohin wir gehen: ein Aufruf zu einem Stil der Wesentlichkeit, der dem, was wirklich zählt, den Vorrang gibt«.

Im Lockdown-Tunnel hat der Glaube wieder Fahrt aufgenommen. Formen einer aufmerksameren Beteiligung werden erkennbar. Eine Umfrage, die die Zeitschrift *Nipoti di Maritain* im März und April 2020 unter beinahe ausnahmslos praktizierenden Katholiken durchgeführt hat, hat bemerkenswerte Ergebnisse erbracht: Die Online-Gebete haben sich verdreifacht, immer mehr Menschen halten Betrachtung mit den Evangelien, und auch die Zahl der häuslichen Andachten nimmt zu. Die live übertragenen Messen finden natürlich großen Anklang (aber nicht bei den Jugendlichen, die die geistliche Lektüre oder das Stundengebet vorziehen). *Gefühlt*, so erklären die Befragten, nähmen sie die »liebende Gegenwart Gottes« und die Kreativität des Heiligen Geistes wahr.

Genau wie die Priester gehen auch die Gläubigen während der Zwangsklausur in sich und fragen sich, ob die kirchliche Institution bereit ist, aus einer so besonderen Erfahrung zu lernen. Piotr Zygulski, der 27-jährige Chefredakteur der Zeitschrift, erklärt, dass sie sich »eine postpandemische Kirche vorstellen, die in wirtschaftlicher Hinsicht ärmer, aber in spiritueller Hinsicht sehr viel reicher, dem Volk näher und stärker für seine Bedürfnisse sensibilisiert ist«. Mehr auf Beteiligung ausgerichtet, präsenter, weniger klerikal oder selbstdarstellerisch.[24] In der Zeit des Lockdowns, bemerkt der Theologe Giuseppe Lorizio, Dozent an der päpstlichen Lateranuniversität, hätten sich Bruchstücke eines wiederauflebenden religiösen Empfindens gezeigt, die aufgelesen werden müssten, damit sie nicht auf dem Rückweg in die Routine einer sogenannten Normalität verloren gingen.[25]

Der Soziologe Franco Garelli, der mit seinen Umfragen seit Jahrzehnten sehr nah am Puls der katholischen Kirche ist, erklärt, dass die Pandemie die aktiveren und überzeugteren Katholiken dazu angespornt habe, sich auf die Suche nach ihren spirituellen Quellen zu machen. Und die Kirche habe sich an der Basis große Mühe gegeben, während der Aussetzung sämtlicher gemeinschaftlichen religiösen Ereignisse alternative Formen der Beteiligung bereitzustellen. Auch die Welt der Laien sei einbezogen worden.

Die säkularen Kreise, so Garelli, hätten Franziskus ihre Aufmerksamkeit geschenkt, weil er sich als jemand präsentiert habe, der »in die Geschicke der Menschen eingetaucht ist und die religiöse Botschaft in einem Stil verkündet, der von Einfachheit und zugleich von Nähe geprägt ist, von Anteilnahme an den Leiden und Sorgen«. Das Bild von Bergoglio, das die Umfragen entwerfen, ist das eines demütigen Pontifex, der nicht *ex cathedra*, sondern aus dem Stegreif spricht und sowohl den religiösen Diskurs als auch die konkreten Probleme in einer für alle verständlichen Weise auf den Punkt bringt.[26]

Garelli schont die Institution Kirche nicht, wenn er seine Erhebungen durchführt. Er diagnostiziert das stetige Wachstum des Atheismus unter den Jugendlichen zwischen 18 und 34 Jahren (auf inzwischen 35 Prozent), das Sich-Ausbreiten eines »Glaubens ohne Zugehörigkeit« (also eines Glaubens an religiöse Werte, aber nicht unbedingt an die authentischen Inhalte der geoffenbarten Religion) und das Um-sich-Greifen einer »Zugehörigkeit ohne Glauben«, das heißt de facto eines identitären Katholizismus ohne konkret gelebten Glauben.[27]

Und doch, so die Theologen – und nicht nur sie –, rücke der Ausbruch der Pandemie die Notwendigkeit in den Vordergrund, für diejenigen, die sich verloren und verwundet, allein und verlassen fühlen »und zu Gott rufen, damit er seine Stimme hören lässt«, den Sinn des Daseins zu finden oder greifbar werden zu lassen.[28] Kardinal Gianfranco Ravasi, Präsident des Päpstlichen Rates für die Kultur, vergleicht die lange Zeit der Quarantäne, die die Menschen in der Verborgenheit und Abgeschiedenheit ihrer Häuser verbringen, mit einer Schwangerschaft: Jeder ist gewissermaßen ein im Mutterleib eingeschlossenes Kind, das darauf wartet, das Licht der Welt zu erblicken.

Auf dem Höhepunkt der Krise erweisen sich die Stimmen von Politikern und Experten als unzulänglich, wenn es darum geht, eine Antwort auf diese Sinnsuche zu geben. Von den Personen, die auf der Bühne stehen, ist keiner in der Lage, den Menschen in ihrer Orientierungslosigkeit eine Perspektive zu bieten.

Als Schriftsteller mit einem Gespür für das, was die Gesellschaft bewegt, stellt Sandro Veronesi die polemische Frage: Wo ist die säkulare Kultur, was hat die Politik zu sagen? 2013 überwindet der Vatikan die Krise des Ratzinger-Rücktritts durch die Wahl des ersten lateinamerikanischen Pontifex der Geschichte, während das italienische Parlament sich außerstande zeigt, einen neuen Präsidenten zu wählen. Und während die Politik sich in sich selbst zurückzieht, wirft Papst Franziskus elementare Fragen auf.

Das Wüten der Pandemie wirft ein gnadenloses Licht auf die Wirklichkeit. Auf der einen Seite Erlasse, Pressekonferenzen und tagtäglich heruntergebetete Zahlen. Auf der anderen Seite das kraftvolle Bild von Franziskus allein auf dem Petersplatz – und so vielen anderen Seelsorgern, die über neu gefundene Kanäle oder einfach per Telefon Hoffnung verbreiten. Nur bei ihnen, so der Schriftsteller, finde man die nötige Inspiration, Anteilnahme und Kraft, um dem Sturm zu trotzen. Das Fazit ist provokativ. Hoffnung, Dialog, Miteinander stammen aus der katholischen Welt. Während in der Politik Stumpfsinn, mangelnde Weitsicht, Konservatismus und Bürokratismus zu Hause sind.[29]

Die letzten 50 Jahre haben deutlich werden lassen, dass die Säkularisierung – und alle ihre Folgen: Entzauberung, Betonung der Subjektivität und die Freiheit, sich je nach Lebensphase sein eigenes Glaubensbekenntnis zu zimmern – die traditionellen Strukturen der religiösen Institutionen unwiderruflich in Schwierigkeiten gebracht hat. Keinem der letzten Päpste, weder Paul VI. noch Johannes Paul II. noch Benedikt XVI. noch Franziskus, ist es gelungen, den Lauf der Dinge umzukehren. Der Anteil der überzeugten und aktiven Katholiken beläuft sich in Italien auf gerade einmal 22 Prozent. Die Krise der männlichen und weiblichen Berufungen ist irreversibel.

Was das Format eines Papstes ausmacht, ist seine Fähigkeit, sich mit einer machtvollen Botschaft auf die Weltbühne zu stellen und als Stimme wahrgenommen zu werden, die mit der globalen Gesellschaft kommunizieren kann. Franziskus hat eine Vision – und das Gefühl, dass er über die Zukunft der Welt nach der Pandemie noch ein Wörtchen mitzureden hat.

Die Gefahr des Populismus

Die Pest vergiftet den Geist der Gesellschaft. Ihre Ansteckung bringt den Völkern den Untergang. Sie sät Hass und Zwietracht. »Mir macht das Angst«, gesteht Papst Franziskus.

Am 23. Februar 2020 ist der Pontifex in Bari, wo das Treffen der katholischen Bischöfe aus den Ländern des Mittelmeerraums zu Ende geht. COVID-19 ist bereits auf dem Vormarsch.

In Südkorea wird »Alarmstufe Rot« ausgerufen. In Italien, den USA, Vietnam und Iran landen schon keine Flugzeuge mehr, die von chinesischen Flughäfen kommen. China hat die Provinz Hubei abgeschottet; dort leben 50 Millionen Menschen. Für die elf Millionen Einwohner der Provinzhauptstadt Wuhan, wo das Virus auf einem *Wet Market*« erstmalig aufgetreten sein soll, gilt eine totale Ausgangssperre. Gerüchte sprechen von Fledermaus- oder Pangolinfleisch, das unter fragwürdigen Hygienebedingungen verkauft worden sei.[30] Dort infizieren sich seit einigen Wochen Zehntausende und sterben Hunderte Menschen pro Tag.[31]

In Bari zeigt Franziskus mit dem Finger auf die Pest der politischen Demagogie, die eine Hasskultur befeuert und die Demokratie zersetzt. »Mir macht das Angst«, erklärt er, wenn man höre, wie gewisse Anführer des neuen Populismus Reden halten wie die, »die in den 30er-Jahren des vergangenen Jahrhunderts Angst und dann Hass gesät haben«[32]. Auf diesen Punkt weist Bergoglio seit Jahren hin. Schon 2017 ruft er in einem Interview der spanischen Tageszeitung *El País* dazu auf, die Auswirkungen nicht zu unterschätzen, die es habe, wenn in einer Gesellschaft Furcht und Sorge um sich greifen. In den 1930er-Jahren, erklärt er, liegt Deutschland am Boden, es will seine Identität erneuern, und siehe da: Adolf Hitler tritt auf und erklärt: »Ich kann das, ich kann das.« Und ganz Deutschland stimmt für ihn. »Hitler«, betont Bergoglio, »hat die Macht nicht an sich gerissen; er wurde von seinem Volk gewählt.« Und, fügt er hinzu, »hat sein Volk zerstört«[33].

Jahr für Jahr wiederholt Bergoglio seine Mahnung. 2018 warnt er bei einem Treffen mit Jugendlichen vor jenen, die Hass, Gewalt und Zwietracht säen. Im darauffolgenden Jahr verweist Franziskus bei einer Versammlung von Strafrechtlern erneut auf Hitler und führt seine Reden und seine Verfolgung von Juden, Sinti und Roma und Homosexuellen als Beispiel für eine Kultur des Hasses und der Ausgrenzung an. »Diese Dinge kommen heute wieder«, mahnt er – ganz gleich, welche Etiketten man den Sündenböcken aufklebt.

Das ist ein besonderer Aspekt des Bergoglio-Pontifikats. Im Vatikan jedoch wird seine Warnung nicht aufgegriffen. Keiner der ihm nahestehenden Kardinäle oder Bischöfe scheint ähnlich entschlossen, den sozialen und politischen Niedergang der 1930er-Jahre mit dem zu vergleichen, was sich in den ersten Jahrzehnten des 21. Jahrhunderts abspielt. Als hätten seine Unterstützer Angst, sich mit so schonungsloser Offenheit zu äußern.

Franziskus ist nicht naiv. Kein Führer steht mit SS-Truppen vor der Tür, nirgends sind braune oder schwarze Hemden zu sehen. Bergoglio meint etwas anderes. Er beobachtet inzwischen schon seit einigen Jahren das Aufkommen von Bewegungen und Anführern, die unermüdlich den Stammeskonflikt im Innern der Staaten und zwischen den Völkern predigen, die extremistische Intoleranz, die systematische verbale Aggression, die der physischen Gewalt letztendlich den Boden bereitet. Das ist die Gefahr, auf die er hinweist. Noch zweimal fühlt er sich in der ersten Hälfte des Jahres 2020, während die COVID-19 Seuche die Welt überzieht, gedrängt, seine Warnung zu wiederholen.

Die polnische Ordensfrau Zofia Zdybicka, Schülerin von Johannes Paul II. und später Professorin an der Universität Lublin, pflegte zu sagen, dass mit Wojtyła ein Mann auf den Stuhl Petri gelangt sei, der den Sinn der »Philosophie der Geschichte« erfasst habe. Und dass dies auf providenzielle Weise mit den historischen Ereignissen zusammengefallen sei, die sich während seines Pontifikats zugetragen hätten.

Franziskus ist wie Johannes Paul II. ganz und gar in die Dynamiken unserer Zeit eingetaucht. Was ihn ausmacht, ist seine Aufmerksamkeit für die gesellschaftlichen Phänomene, für die Ungleichheiten, für die Unverhältnismäßigkeit der Interessen, für den Gegensatz zwischen jenen, die einzig nach Profit streben, und jenen, die für die Vorstellung von einem »Gemeinwohl« eintreten, das es zu fördern gelte. Das Ungleichgewicht zwischen jenen, die alle Hebel der wirtschaftlichen, technologischen und politischen Macht in Händen halten, und jenen, die an den Rand der Gesellschaft gedrängt werden und – wie er erklärt – oft schon im Abseits stehen.

Wenn Bergoglio nicht Papst geworden wäre, so scherzen manche im Vatikan, wäre er Soziologe geworden. Was ihn dazu treibt, auch während der Pandemie immer wieder vor den populistischen Strömungen zu warnen, ist die Gefahr, dass die liberaldemokratischen Regeln über den Haufen geworfen werden und Volksführer emporkommen, die plebiszitär und autoritär regieren wollen und damit einen wirtschaftlichen Totalitarismus bemänteln.

Für die illiberalen Strömungen gibt es keinen Lockdown, und dass ein tödliches Virus Saison hat, ändert nichts daran, dass manche in Machtpraktiken abdriften, die unter Politologen zuweilen als »hybrid« bezeichnet werden, weil die äußere Hülle nach wie vor liberaldemokratisch, der Geschmack der Füllung jedoch ein ganz anderer ist.

In Budapest verlängert das ungarische Parlament am 30. März 2020 den Notstand auf unbestimmte Zeit. Dem nationalistischen Premier Viktor Orbán werden exorbitante Machtbefugnisse zugestanden; so kann er per Dekret bestimmte Gesetze aussetzen und außerordentliche Maßnahmen zum Schutz der Gesundheit, der Wirtschaft und der persönlichen und materiellen Sicherheit ergreifen. Eine ganze Palette an nur unscharf umrissenen Zielen. Teil des Pakets ist auch, dass die Verbreitung von »Falschmeldungen« über das Virus und über die Aktivitäten der Regierung mit bis zu fünf Jahren Gefängnis bestraft werden kann: eine Möglichkeit, Kritiker und Oppositionelle zu schikanieren. Der Bürgermeister von Mohács, Ferenc Csorbai, muss dies am eigenen Leib erfahren: Gegen ihn wird wegen Angriffs auf die öffentliche Sicherheit ermittelt, weil er ein Video in Umlauf gebracht hat, in dem vor einem möglichen Pandemie-Hotspot in seiner Stadt gewarnt wurde.[34]

Die Übernahme von Machtbefugnissen, die im Großen und Ganzen nicht kontrollierbar sind, weil es dem Premier obliegt, sie für beendet zu erklären, erregt die Besorgnis der Europäischen Union, des Europarats und der Hohen Kommissarin der Vereinten Nationen für Menschenrechte. Schon im September 2018 hat das Europäische Parlament mit überwältigender Mehrheit dafür gestimmt, Artikel 7 des EU-Vertrags über die Verletzung grundlegender Rechte in Anspruch zu nehmen. Dem souveränistisch-populistischen Regime in Budapest wird vorgeworfen, die Unabhängigkeit des Rechtssystems und der Medien, die Wissenschaftsfreiheit, den Handlungsspielraum der NROs und die Rechte der Asylsuchenden eingeschränkt zu haben.

Innerhalb von zweieinhalb Monaten erlässt Orbán 180 (teils über Nacht im Amtsblatt veröffentlichte) Dekrete. Darunter befinden sich auch Regelungen, die nicht das Geringste mit COVID-19 zu tun haben, sondern einzig und allein darauf ausgerichtet sind, den Autoritarismus der Regierung zu stärken.

Eines dieser Dekrete sieht vor, dass die Hälfte der öffentlichen Parteienfinanzierung storniert wird und in einen nationalen Fonds zur Bekämpfung der Pandemie fließen soll – ein Weg, die Oppositionsparteien zu schwächen, die es an Mitteln, Ressourcen und Sichtbarkeit nicht mit dem Premier aufnehmen können. Eine andere Maßnahme erschwert den Zugang zu den Akten von öffentlichem Interesse: War die Verwaltung zuvor angehalten gewesen, binnen zwei Wochen Bescheid zu erteilen, wird die Frist nun auf drei Monate verlängert. Zulasten der Transparenz von Festnahmen und Ermittlungen, die unter dem Vorwand des Kampfs gegen »Falschmeldungen« durchgeführt werden, wie Dávid Vig, der Leiter von Amnesty Ungarn, kritisiert.[35]

Zu den seltsamsten Auswüchsen des Notstandsklimas gehört die Geheimhaltung des mit China geschlossenen Vertrags über den Bau der Hochgeschwindigkeitsstrecke von Budapest nach Belgrad, der Ungarn einen Schuldenberg von 1,9 Milliarden Euro bringt. Ein spontan erlassenes Gesetz legt fest, dass dieser Vertrag zehn Jahre lang geheim gehalten werden soll.[36]

Auch den slowenischen Premier Janez Janša drängt die populistische Pest, sich am 7. April vom Parlament Ausnahmebefugnisse bewilligen zu lassen. Ein Krisenstab wird eingesetzt, der den Notstand – unter Umgehung der Verfassungsorgane – mit direkter Befehlsgewalt managen soll. Zehn Tage später zieht Sloweniens Verfassungsgericht die Notbremse und erklärt das Gesetz insofern für unrechtmäßig, als es den Ausnahmezustand nicht befristet.

Die Formen der Machtausübung vonseiten der populistisch geprägten Leader – die Papst Franziskus und der vatikanischen Diplomatie Sorge bereiten – variieren je nach Breitengrad, Temperament und politischer Kultur des betreffenden Landes. Doch am Ende bleibt, dass der Populismus zwar das Volk mythisch überhöht und vergötzt, in Wirklichkeit aber eine »Herrschaft der Wenigen« verschleiert und sich nicht dem Schutz des Gemeinwohls verpflichtet, wie es der kürzlich verstorbene Jesuitenpater Bartolomeo Sorge ausdrückte, der dem Papst nahestand.[37]

Das Pandemiemanagement wird in den unterschiedlichen sozioökonomischen Konstellationen zur Nagelprobe. Im Vereinigten Königreich nimmt Boris Johnson, trunken vor Begeisterung über seinen Wahlsieg, der ihm zulasten der Labour-Partei die absolute Mehrheit beschert hat, das Vorrücken des Coronavirus auf die leichte Schulter. Am 12. März 2020 spekuliert Johnsons wissenschaftlicher Berater Sir Patrick Vallance unbeirrt, dass sich »60 Prozent der britischen Bevölkerung mit dem Coronavirus anstecken müssten, um eine Herdenimmunität zu entwickeln«. Es sei eine schlimme Krankheit, erklärt er, die aber bei den meisten nur leichte Symptome hervorrufe. »Wahrscheinlich wird sie jedes Jahr wiederkehren und zu einer Art saisonalem Virus werden.« Zu diesem Zeitpunkt ist Italien seit vier Tagen komplett abgeriegelt. Die WHO hat Europa zum Epizentrum der Pandemie erklärt. In vielen Ländern sind Schulen, Kindergärten und Universitäten bereits geschlossen. Am 14. März ruft Spanien den Notstand aus und greift zu ähnlichen Abriegelungsmaßnahmen wie Italien. Am 16. März verhängt Österreich einen kompletten Lockdown: Ausgenommen sind nur der Weg zum Arbeitsplatz, Einkäufe, Betreuung und Bewegung im Freien. Am 17. März folgt Frankreich dem Beispiel der anderen Nationen. In Deutschland legt die Bundesregierung gemeinsam mit den Ländern strenge Verhaltensrichtlinien fest.

Der Kurs der britischen Regierung ist völlig realitätsfremd. Eine »Herdenimmunität« von 60 Prozent anzustreben, heißt zuzulassen, dass sich 40 der 76 Millionen Einwohner mit COVID-19 infizieren. Ganz davon zu schweigen, dass es nicht dasselbe ist, ob man auf eine durch Massenimpfungen erzielte Immunität setzt oder auf eine Immunität spekuliert, die aus unkontrollierter Ansteckung resultiert.

»Viele Familien werden ihre Lieben vor der Zeit verlieren«, erklärt Boris Johnson öffentlich und äfft damit die »Blut, Schweiß und Tränen«-Rede nach, die Winston Churchill zu Beginn des Zweiten Weltkriegs gehalten hatte. Die Schulen bleiben offen, alle beruflichen Aktivitäten gehen weiter, Massenversammlungen wird kein Riegel vorgeschoben. Einzige Empfehlungen: Wer hohes Fieber und Husten hat, solle (gemeinsam mit den Angehörigen desselben Haushalts) freiwillig in Quarantäne gehen, und wer Grippesymptome aufweise, solle keinen Krankenwagen benutzen und nicht die Notaufnahme aufsuchen. In Regierungskreisen werden die Quarantänemaßnahmen hinter vorgehaltener Hand als Kosmetik bezeichnet.

Recherchen der *Times* werden enthüllen, dass der interministerielle Krisenausschuss (COBRA) bereits am 24. Januar zum ersten Mal getagt hatte. Ohne Johnson. Der britische Premier wird auch die vier nächsten Sitzungen versäumen.[38] Im Februar macht der Premier zwei Wochen Urlaub. Anfang März schüttelt er demonstrativ weiter Hände auf Massenveranstaltungen. Erst am

23. März wird der nationale Lockdown verhängt. Drei Monate später ist die Zahl der Todesopfer im Vereinigten Königreich auf über 41 000 gestiegen – die höchste bislang in Europa registrierte Todesrate. Johnson selbst schwebt zwischen Leben und Tod. Den dramatischsten Moment wird der Premier nie vergessen: »Als die Ärzte darüber beraten haben, ob sie mich intubieren sollen oder nicht, standen die Chancen 50 zu 50 …«[39]

Denn zu der ungeschriebenen Geschichte der Pest des Jahres 2020 gehört auch die tragische Entscheidung, die Ärzte in aller Welt aufgrund fehlender Ausrüstung und Kapazitäten gelegentlich (oder häufig) treffen müssen. Die Entscheidung, ob sie denjenigen Patienten, die robust genug scheinen, um die Krise zu überwinden, oder doch eher denjenigen den Vorzug geben sollen, die aufgrund ihres Alters oder ihres schlechten Allgemeinzustands vermutlich nicht überleben, in der Zwischenzeit aber anderen den Krankenhausplatz wegnehmen werden.

Die Krankenschwester und der Krankenpfleger, die den als Verfechter einer rigorosen Einwanderungspolitik bekannten Premier Tag und Nacht betreut haben, waren – Ironie des Schicksals – die Neuseeländerin Jenny McGee und der Portugiese Luis Pitarma. Richard Horton, Chefredakteur der renommierten Fachzeitschrift *The Lancet*, bezeichnet das Pandemiemanagement der Regierung und ihrer Expertengruppe (SAGE) in einem seiner Bücher als den »größten Fehlschlag im Zeitraum einer

Generation«. Zwischen den Zeilen kann man lesen, dass die Regierungsentscheidungen eher von PR-Aspekten und Zugeständnissen an Wirtschaftsinteressen als davon diktiert waren, dass man die Alarmsignale, die Wissenschaftskreise bereits im Januar ausgesandt hatten, ernst genommen hätte.

Die Erfahrung der Krankheit und die darauffolgenden COVID-19-Wellen werden Johnson im Herbst zu einem drastischen Kurswechsel zwingen. Der britische Premier greift zu umfangreichen Lockdown-Maßnahmen. In London, Schottland, Wales und anderen englischen Regionen wird Weihnachten »gestrichen«, niemand darf die eigenen vier Wände verlassen, es sei denn, um zur Schule oder ins Büro zu gehen. Treffen mit mehr als einer Person sind im öffentlichen Raum verboten, Fitnesscenter und Freizeiteinrichtungen sind geschlossen, und geschlossen sind auch die Bars, die Pubs, die Restaurants und sämtliche Geschäfte, die keine Waren des täglichen Bedarfs verkaufen (Anfang 2021 wird die Schwelle von 100 000 Todesopfern überschritten werden). Später wird man auf dieser Grundlage erfolgreich mit der Massenimpfkampagne beginnen.

Es ist das Scheitern der Politiker und Wirtschaftslobbys, die – so heißt es im Vatikan – versucht haben, das Phänomen herunterzuspielen, um ihren Profit zu retten. Eine Situation, die nicht nur das Vereinigte Königreich betrifft.

Papst Franziskus warnt gleich zu Beginn vor den schweren sozialen Risiken in Verbindung mit der Pandemie. Am 28. März schreibt er an Roberto Andrés Gallardo, den Vorsitzenden des Panamerikanischen Richterkomitees für die sozialen Rechte. Einige Regierungen, betont er, hätten vorbildliche Maßnahmen getroffen, um die Bevölkerung zu schützen. »Die Regierungen, die der Krise auf diese Weise begegnen, zeigen, wo die Prioritäten ihrer Entscheidungen liegen: die Menschen zuerst [...]. Und das ist wichtig.« Doch aus den Berichten, die ihn tagtäglich erreichen, weiß Bergoglio bereits, dass nicht alle Regierungen sich so verhalten und dass unter dem Druck wirtschaftlicher Interessen andere Prioritäten gesetzt werden. Deshalb merkt er an: »Wir wissen alle, dass es ein wirtschaftliches Desaster bedeutet, wenn man die Menschen verteidigt. Aber es wäre traurig, wenn man sich für das Gegenteil entscheiden würde – es würde zum Tod sehr vieler Menschen führen.« Franziskus scheut sich nicht, starke Worte zu gebrauchen. Wenn die Menschen nicht Priorität hätten, mahnt er, wäre dies ein »viraler Genozid«[40].

Der Pontifex blickt auf die Dritte Welt, wo sich die Situation noch dramatischer darstellt. In Europa entscheidet vor allem die Belastbarkeit der nationalen Gesundheitssysteme, in anderen Weltgegenden ist das Gesundheitsnetz dagegen völlig unzulänglich und Sozialhilfe nicht existent. Mit dem Ergebnis, dass sich die verhängnisvollen Folgen des Virus auf gesellschaftlicher Ebene vervielfachen.

Am 23. März 2020 um null Uhr verhängt Premier Modi einen kompletten Lockdown über 300 Millionen Menschen. Man geht optimistischerweise davon aus, dass drei Wochen ausreichen werden. Modi appelliert an den Patriotismus der nationalistischen Hindus: Die mythische Schlacht des Mahabharata, erklärt er, habe 18 Tage gedauert: »Wir besiegen das Coronavirus in 21.«[41] Tatsächlich wird der Lockdown bis zum 31. Mai dauern, und es scheint klar, dass das Sozialgefüge dem nicht standhält.

Schon bald setzen sich Millionen von Unglücklichen in Bewegung, die sich außerstande sehen, in den großen Städten ihr prekäres Auskommen zu finden. Männer, Frauen, Alte, Junge und Kinder schultern ihr Bündel und strömen an den verwaisten Autobahnen entlang zurück in ihre zuweilen über 1000 Kilometer weit entfernten Heimatdörfer. Ein Marsch der Verzweiflung. Im Vatikan sieht man die Bilder mit fassungslosem Entsetzen. Unzählige sterben an Erschöpfung oder aufgrund der Hitze, verhungern oder verdursten. Auf diesem Weg gelangt das Virus aus den Städten in die Dörfer. Ende des Jahres übersteigt die Zahl der Infektionen die Zehn-Millionen-Schwelle. Knapp 150 000 Menschen sind gestorben.

Angesichts eines solchen, mit einem Weltkrieg vergleichbaren Ereignisses müsse, so schreibt der *Osservatore Romano* schon in den ersten Wochen, als die Pest die Grenzen überschreitet, die Globalisierung von Grund auf neu gedacht werden. »Wenn wir die Globalisierung auch in

Zukunft als ein im Wesentlichen wirtschaftliches Phänomen auffassen, wenn wir die außereuropäischen Länder unter dem Aspekt der Ausbeutung (immense Bestände an billigen Arbeitskräften) oder der Gier (potenziell riesige Märkte, die man mit Produkten *made in Europe* überschwemmen kann) betrachten, dann werden wir aus dem COVID-19-Orkan rein gar nichts gelernt haben.«[42]

In Afrika sind die sozialen Schäden größer als die gesundheitlichen. Sechs Monate nach Ausbruch der Pandemie sind noch vergleichsweise wenige Menschen – unter 10 000 – an dem Virus gestorben. Dennoch sind die Prognosen der Weltgesundheitsorganisation besorgniserregend: Im Sommer 2021 könnten es 150 000 sein. Außerdem erweist es sich als schwierig, die genaue Zahl der Opfer zu ermitteln.

In der Zwischenzeit kommt es in mehreren Ländern zu spontanen Protesten gegen den Lockdown. Die Schließungen stürzen die Masse der Bevölkerung ins Elend. Um des nackten Überlebens willen gehen die Menschen auf die Straße und fordern die Wiederaufnahme der Arbeit. Eine Demonstration folgt auf die nächste: Guinea, Nigeria, Burkina Faso, Kenia, Mali, Uganda … – Länder, in denen 35 Prozent der Bevölkerung in Elendsvierteln leben.

In Nigeria, dem siebtgrößten Erdölproduzenten der Welt, wird die Zahl der in Armut lebenden Menschen laut Schätzungen des Internationalen Währungsfonds infolge der Pandemie um weitere 50 Millionen steigen.[43] Das Virus manifestiert sich in einer Realität, in der 70 bis 80 Prozent der Menschen in ständigem Prekariat, von sogenannter informeller Arbeit oder einfach von der Hand in den Mund leben. Githinji Gitahi, Verantwortlicher von AMREF, einer der größten Gesundheits-NROs in Afrika, weist darauf hin, dass weniger als 20 Prozent der afrikanischen Bevölkerung krankenversichert sind. Für Abstriche und Krankenhausbehandlungen müssen die Patienten selbst aufkommen.[44] Wegen der generellen Unzulänglichkeit der Gesundheitssysteme gehen die Angehörigen der Eliten, wenn sie sich angesteckt haben, ins Ausland. Das versucht im April auch ein hoher nigerianischer Funktionär und Mitarbeiter des Präsidenten Muhammadu Buhari. Er ist mit dem Virus infiziert und reist eilends nach London, wo man ihn jedoch abweist und nach Hause schickt. Er stirbt in seinem Heimatland.

Im April richtet der Papst mit einer Ersteinlage von 750 000 Dollar einen Sonderfonds bei den Päpstlichen Missionswerken ein und ruft die anderen kirchlichen Organisationen auf, es ihm gleichzutun. Die italienische Bischofskonferenz steuert neun Millionen Euro für medizinische Projekte zur Bekämpfung des Coronavirus in 65 Dritte-Welt-Ländern bei. In der Folge lässt der Papst 35 Beatmungsgeräte in Krisenländer in Afrika, Asien, Lateinamerika und Europa (Ukraine) schicken. In seiner Osterbotschaft »Urbi et Orbi« fordert Franziskus, dass Sanktionen gegen Länder, die das Virus in die Knie zwingt (u. a. Syrien und Iran), gelockert werden, und stellt eine entscheidende Frage in den Raum: ob es nicht möglich sei, dass »die Schulden, welche die Bilanzen der ärmsten Länder belasten, teilweise oder sogar ganz erlassen werden«[45].

Die G20-Länder (zu denen auch die Europäische Union gehört) beschränken sich darauf, die Schulden für 2020 auszusetzen. Die geschuldeten Beträge sollen inklusive Zinsen zwischen 2022 und 2024 zurückgezahlt werden. Schätzungen zufolge handelt es sich um zwölf Milliarden Dollar ohne Zinsen. Es ist bezeichnend, dass der Präsident der Weltbank, der US-Amerikaner David Malpass, im August 2020 das Bedürfnis verspürt, in einem Interview mit der englischen Tageszeitung *The Guardian* für die besonders notleidenden Länder den restlosen Erlass der Schulden in Aussicht zu stellen. Malpass, der zuvor als Berater für die Trump-Regierung tätig gewesen war, treibt die Angst um, dass die Weltbühne von 100 Millionen neuen Armen überschwemmt werden könnte.

Wirtschaftsnobelpreisträger Joseph Stiglitz erklärt schon seit geraumer Zeit, dass die Regierungen vieler Entwicklungs- oder Schwellenländer vor der Entscheidung stünden, »ob sie ihre ausländischen Gläubiger bezahlen oder ihre Bürger sterben lassen«. Stiglitz, den Papst Franziskus sehr schätzt, ist Mitglied der Päpstlichen Akademie für

Sozialwissenschaften. Er glaubt, dass das neoliberale Modell sich in einer Krise befindet, und hält den Moment für gekommen, die internationalen Verträge zu überdenken: »Aber nicht im Sinne des *America first* von Präsident Trump, nicht in dem Sinne, dass überhaupt irgendein Land an erster Stelle steht. An erster Stelle steht der Planet Erde, und an erster Stelle stehen die Menschen: Darauf kommt es an.«[46]

Am 24. Mai meldet der *Osservatore Romano* auf der Titelseite, dass die WHO Lateinamerika zum neuen Epizentrum der Pandemie erklärt habe. Nicht weil der Papst Lateinamerikaner ist, sondern weil zwischen Mexiko und Feuerland eine tragische und zugleich beispielhafte Zusammenballung gesellschaftlicher und gesundheitlicher Katastrophen stattfindet. 113 Millionen Lateinamerikaner, so das italienische Bischofsblatt *Avvenire*, leben in »informellen Siedlungen« – eine freundliche Umschreibung für die chaotisch hochgezogenen Elendsviertel. 14 Millionen sind laut Schätzungen der WHO vom Hunger bedroht.

Die Klassendiskriminierung geht gnadenlos zulasten der Ausgegrenzten. Von den 13 000 mit dem Coronavirus Infizierten, die im Mai 2020 in Argentinien aktenkundig sind, leben 80 Prozent in den Vorstädten der Hauptstadt und 40 Prozent in den Elendsvierteln, obwohl deren Bewohner nur 9 Prozent der Einwohner der Megalopolis Buenos Aires ausmachen.

Das Gespenst des Hungers, das Gespenst des Todes – das sind die Wirklichkeiten, denen die Menschen von heute, wenn es nach Bergoglio geht, ins Gesicht sehen sollen, ohne sich in ihrem Egoismus zu verschließen. Es ist eine Zeit, in der sich nicht nur die Organisationen der katholischen Kirche maximal engagieren, um dem Nächsten, ganz gleich, wie er aussieht, zu helfen. Immer wieder betont der Pontifex das Gebot der Geschwisterlichkeit: »den Hungernden, den am Leben Gescheiterten, den Armen, den Bedürftigen und vor allem den Obdachlosen Hilfe zu bringen«. Das ist kein Gutmenschentum, so betonen sie im Vatikan, sondern geopolitischer Realismus.

Besonders katastrophal wird es dort, wo die Pandemie auf populistische Coronaleugner trifft. Das ist in Brasilien der Fall. Schon Ende Mai 2020 meldet der *Osservatore Romano*, dass Brasilien, was die Zahl der Infizierten betrifft, weltweit an zweiter Stelle steht. Im größten Land Südamerikas prallen die Verantwortungslosigkeit eines coronaleugnenden Präsidenten und die Vernunftgründe der Wissenschaftsgemeinde, die von mehreren Bundesgouverneuren geteilt werden, diametral aufeinander. Am 25. Februar 2020 wird in Brasilien der erste Coronafall und am 17. März der erste Tote gemeldet.

Von Anfang an führt Jair Bolsonaro einen persönlichen Feldzug gegen sämtliche Vorschläge einer strengen Quarantäne und favorisiert stattdessen eine Politik des *Laissez-faire*, die darauf ausgerichtet ist, Industrie und Handel nicht zu stören. Das Virus wird als harmloses Fieberchen verspottet und jeder Ruf nach rigorosen Beschränkungen als Panikmache abgestempelt.

Entgegen den Empfehlungen seines Gesundheitsministers weigert sich der Präsident, einen wirkungsvollen Lockdown durchzuführen, den er als »Weg in den Ruin des Landes« bezeichnet. Er legt sich mit den Gouverneuren der Bundesstaaten an, die zu strengen Maßnahmen greifen. Obwohl die Ansteckung auch vor dem Kreis seiner engsten Mitarbeiter nicht haltmacht, geht er Woche für Woche mit unbedecktem Gesicht umher, umarmt bei öffentlichen Kundgebungen seine Fans und bedient sich an einem Stand medienwirksam mit Wurstbrötchen und Coca-Cola. Als ihn Ende April ein Journalist darauf anspricht, dass Brasilien mehr Todesopfer zu beklagen hat als China, gibt er zurück: »Was soll ich denn machen? Ich heiße Messias [mit zweitem Namen: Jair Messias Bolsonaro], aber ich kann keine Wunder tun.«[47] Am 3. Juni, als die Pandemie bereits mit rasender Geschwindigkeit um sich greift, setzt er noch einen drauf: »Für die COVID-Opfer tut es mir leid, aber wir müssen alle sterben.« Einem Fan, der ihn um ein Wort des Trostes bittet, versichert er: »Hab Vertrauen, wir werden Brasilien verändern.«[48]

Das ist die Art von Demagogie, die Papst Franziskus nach eigener Aussage am meisten fürchtet, wenn er in seinem Brief an Richter Gallardo schreibt, dass der Schutz der

Menschen Schäden für die Wirtschaft mit sich bringe, aber dass es »traurig« wäre, das Gegenteil zu tun. Während Bolsonaro erklärt, dass »wir alle sterben müssen«, steigt die Zahl der Todesfälle auf über 1200 pro Tag. Massengräber werden ausgehoben und bestehende Gräber geöffnet, um weitere Leichen aufzunehmen. In Amazonien breitet sich das Virus rasant aus. Bei der indigenen Bevölkerung ist die Sterblichkeit im Durchschnitt zweimal so hoch wie bei der übrigen brasilianischen Bevölkerung. Schon 2019 war ein Katastrophenjahr gewesen: Die Brände hatten doppelt so schlimm gewütet wie im Vorjahr. 2020 bringt die Pest. Für die 900 000 Angehörigen der indigenen Stämme des Amazonasgebiets geht es ums nackte Überleben. 2020 endet mit dem Kollaps der Krankenhäuser in Manaus. Es fehlt an Betten, viele Patienten liegen auf dem Boden, und es fehlt vor allem an Sauerstoffflaschen: Manche Krankenschwestern beatmen die Sterbenden manuell.

Es ist nicht gesagt, dass diese Entwicklung den großen Interessen der Bergbauunternehmen und der im großen Stil betriebenen Landwirtschaft und Viehzucht zuwiderläuft. Je weniger Indigene es gibt, desto geringer wird der Widerstand gegen die illegale Abholzung. Es ist nicht das erste Mal, dass Katastrophen – absichtlich herbeigeführt oder nicht – machtpolitischen Interessen dienen. Die große Hungersnot, die Irland zwischen 1845 und 1849 heimsuchte, eine Million Todesopfer forderte und eine weitere Million Iren in die Auswanderung zwang, wurde vom britischen Establishment benutzt, um das »Problem Irland« zu lösen. Und die bittere Hungersnot 1932/33 in der Ukraine, die vier oder vielleicht noch mehr Millionen Menschen das Leben kostete, half Stalin, die Ukrainer in die Knie zu zwingen.

Während in Brasilien das politische Chaos ausbricht – in den Monaten, in denen die Pandemie explodiert, reichen zwei Gesundheits- und der Justizminister ihren Rücktritt ein, wird der Chef der Bundespolizei, der wegen des Vorwurfs der Veruntreuung gegen einen von Bolsonaros Söhnen ermittelt, entlassen und werden im Parlament Rufe nach einer Amtsenthebung laut –, gerät das Virus außer Kontrolle. Am 5. Juni schließt die brasilianische Regierung die offizielle Seite mit den täglichen COVID-19-Zahlen. Anschließend wird die Bekanntmachung der Gesamtzahl der Toten abgeschafft. Gegen Ende des Jahres sind über siebeneinhalb Millionen Menschen infiziert und 200 000 verstorben. Eine bittere Bilanz, die Experten mit der nicht vorhandenen – oder nicht gewollten – gesundheitspolitischen Führung erklären. In einem offenen Brief werfen 152 brasilianische Bischöfe der Regierung vor, nicht das Wohl aller ins Zentrum zu stellen, sondern den Interessen einer »Wirtschaft, die tötet«, den Vorzug zu geben.

Der schärfste Kommentar kommt von der Zeitung der italienischen Bischöfe. Schon im Juni 2020 titelt *Avvenire* ganzseitig: »Bolsonaro und Trump, zwei Präsidenten mit über drei Millionen Infizierten«. Unter der Ägide eines der Kardinäle, die dem Papst am nächsten stehen, des CEI-Vorsitzenden Gualtiero Bassetti, legt die Zeitung den Finger in die Wunde: »Beide sind davon überzeugt, dass Geld und Wirtschaft alles heilen. Einschließlich COVID.« Es ist nicht das erste Mal, dass die Bischofszeitung harsche Töne anschlägt. »Populisten durchgefallen«, lautete die Schlagzeile, nachdem Trump vor dem Obersten Gerichtshof der USA und Orbán vor dem Europäischen Gerichtshof eine Niederlage hatten hinnehmen müssen.

Gezeiten der Geschichte. Heute, da die souveränistischen Populisten Hochkonjunktur haben, zeigt dieselbe römische Kirche, die sich im 19. Jahrhundert erbittert gegen das erste Aufkeimen der liberalen Demokratie gewehrt und sich im 20. Jahrhundert auf die eine oder andere Art mit den verschiedenen Formen des Faschismus arrangiert (und die Militärdiktaturen in Lateinamerika sogar gedeckt) hatte, klare Kante zum Schutz des demokratischen Systems. Eines Systems mit seinen Gewichten und Gegengewichten, das den Pluralismus garantiert, das – in seiner europäischen Form – durch den Sozialstaat verstärkt wird und das so oder so nicht anfällig ist für die Versuchung, die Institutionen in die Hände eines mythisch überhöhten und totalitären »Volkes« zu legen.

Der identitäre Populismus – der je nach Breitengrad in die souveränistische Ideologie des Brexit, des *America first* oder des *Prima gli Italiani* einmündet – ist in Franziskus'

Augen ruinös, weil er die nationalen Gesellschaften in über- und unterprivilegierte Pseudo-Ethnien auseinanderbrechen lässt, ein multilaterales Engagement für das Gemeinwohl und gegen die Ungleichgewichte der Globalisierung verhindert und so die internationale Gemeinschaft spaltet. Und damit nicht genug: Franziskus weiß, dass der souveränistische Nationalismus – der sich, während er Ungleichheit und Ausbeutung perpetuiert und den Interessen der Starken dient, gerne mit religiösen Symbolen umgibt – ein neues Opium für das Volk darstellt.

In Indien, so berichtet die missionarische Nachrichtenagentur *Asia News*, haben einige Bundesstaaten unter dem Vorwand des durch die Quarantäne bedingten Auftragsstaus den Fabriken die Genehmigung erteilt, die Arbeitszeit ohne Überstundenausgleich von acht auf zwölf Stunden zu erhöhen, und damit sämtliche Tarifvereinbarungen, anhängigen Arbeitsrechtsprozesse und das gewerkschaftliche Versammlungsrecht außer Vollzug gesetzt. In Ungarn hat Premier Orbán, Lichtgestalt aller wackeren Verteidiger einer »christlichen Kultur«, 2018 ein Gesetz erlassen, das es den Unternehmern ermöglicht, von ihren Angestellten bis zu 400 Überstunden jährlich zu verlangen und diese erst bis zu drei Jahre später zu bezahlen.

Unter dem Ansturm des Coronavirus zeigen die USA von Donald Trump, in welche gefährlichen Widersprüche sich eine populistische Führung verstrickt. Der Dünkel des Regierungschefs ist das erste Symptom. Alles ist unter Kontrolle, erklärt der Präsident zu Beginn. Ab Anfang Februar spielt er die Gefährlichkeit des Virus sechs Wochen lang herunter. »Eine weitere Falschmeldung der Demokraten«, bemerkt er verächtlich und verspricht: »Es wird wie durch ein Wunder eines Tages verschwunden sein.« Eine normale Grippe fordere weit mehr Opfer, erzählt er im März und erklärt, 2019 seien 37 000 Menschen an der Grippe gestorben.

Die tatsächliche Situation im Land spielt in dieser Show keine Rolle. Der Horizont des Leaders ist die Pressekonferenz, das Echo im Fernsehen, auf Twitter, in den sozialen Medien. Die Botschaften sind apodiktisch, verlangen bedingungsloses Vertrauen. Ein Abwägen der wissenschaftlichen Informationen findet nicht statt. Das Virus wird als Überraschung hingestellt: »Niemand auf der Welt wusste, dass es zu einer Pandemie von solchen Ausmaßen kommen würde.« Wenig später garantiert der Präsident, dass jeder, der einen Test braucht, diesen auch bekommt. Doch so ist es nicht, wie Vizepräsident Mike Pence, Vorsitzender des COVID-19-Krisenausschusses, zugeben muss, als die Scheinwerfer verloschen sind.

Am 17. März ändert sich der Ton. Angesichts der Welle von Infektionen stellt Trump das Narrativ auf den Kopf: »Ich habe immer gefühlt, dass das eine Pandemie ist, noch bevor man sie so genannt hat.«[49] Verhaltensrichtlinien werden erlassen, die aber – entgegen dem Rat der Experten – nicht verbindlich sind. Bürgermeister und Gouverneure der Bundesstaaten sind auf sich gestellt und entscheiden allein über Quarantänen und Ausgangssperren. Hin und wieder erhebt der Präsident seine Stimme und prophezeit, dass ein Impfstoff kommen wird.

Mittlerweile schon legendär sind die Pressekonferenzen, in denen die Kluft zwischen dem kategorischen Stil der präsidentiellen Äußerungen und der besonnenen und kompetenten Herangehensweise von Dr. Anthony Fauci offensichtlich wird, der seit 1984 das nationale Institut für Infektionskrankheiten leitet. Der Immunologe hat schon im Vorfeld prognostiziert, dass das Virus in den Vereinigten Staaten zwischen 100 000 und 200 000 Todesopfer fordern würde. Trump drängt ihn beiseite und will ihn schließlich bei seinen Pressekonferenzen nicht mehr dabeihaben. Tatsächlich waren Faucis Prognosen sogar noch zu vorsichtig. Anfang 2021 haben die Vereinigten Staaten über 500 000 Coronatote zu beklagen: mehr als im Ersten Weltkrieg, mehr als im Zweiten Weltkrieg und mehr als im Vietnamkrieg.

Im Jahr der Pandemie dokumentiert die *Washington Post*, dass Trump seit seinem Amtsantritt über 20 000 Mal gelogen und es in manchen Monaten auf bis zu 23 Lügen pro Tag gebracht hat. Eine Technik der Macht und der Massenmanipulation. Zu diesem Stil gehören auch sein aggressives Auftreten gegenüber Journalisten, die unbequeme Fragen stellen, und die systematischen Beleidigungen seiner politischen Gegner, die via Tweet mit verächtlichen und hasserfüllten Ausdrücken bombardiert werden. Darin einen Ausdruck des Narzissmus von *The Donald* zu sehen, greift zu kurz. Der Mann ist Protagonist und Symptom einer tiefgreifenden Veränderung in der Welt der Kommunikation und gleichzeitig ein Zeichen dafür, dass der breiten Masse die traditionellen institutionellen Regeln, die Vorstellung einer respektvoll vorgebrachten Kritik, das Abwägen von Fakten und die Pluralität der Meinungen in einem demokratischen Staat fremd geworden sind. Wer sich dem US-amerikanischen Leader in den Weg stellt, wird verteufelt.

Die US-amerikanische Präsidentschaft ist von einer manichäischen Betrachtungsweise durchdrungen: ein Phänomen, auf das seinerzeit bereits ein Artikel in der Zeitschrift *Civiltà Cattolica* hingewiesen hatte – aus der Feder eines der engsten Mitarbeiter des Papstes, Pater Antonio Spadaro, der sich nicht scheut, die Dinge beim Namen zu nennen: »Präsident Trump führt seinen Kampf gegen ein breites, pauschales Kollektiv: die ›Bösen‹ (*bad*) oder auch die ›sehr Bösen‹ (*very bad*)«. Weiter heißt es in dem von Spadaro (gemeinsam mit Marcelo Figueroa) verfassten Artikel scharfsinnig, die Gottheit der politischen Fundamentalisten, die wie zahlreiche Gefolgsleute von Trump auch in religiöser Hinsicht fundamentalistische Überzeugungen hegen, sei die »ideale Projektion der herrschenden Macht«[50].

Trump eint nicht, er spaltet. »*Divider in chief*«, so wird er in Anlehnung an den Titel *Commander in chief* genannt, den er als Oberbefehlshaber der US-amerikanischen Streitkräfte innehat. Trump spaltet, wohin er auch kommt. Er attackiert die Gouverneure von Maryland und Illinois, denen er Unfähigkeit bei der Organisation der Tests vorwirft. Die Krankenhäuser beschuldigt er ohne jeden Beweis, medizinisches Material und Beatmungsgeräte zu »horten«. Schon bald drängt er auf eine »Rückkehr zur Normalität«. Man könne das Land nicht fünf Jahre lang geschlossen halten, tönt er.

Mitte April, als viele Gouverneure zögern, die Beschränkungen aufzuheben, poltert Trump: »Die Staaten können nichts ohne die Genehmigung des Präsidenten tun ... Wenn jemand Präsident der Vereinigten Staaten ist, hat er die totale Autorität«. 24 Stunden später sieht er sich gezwungen, zurückzurudern. Die Aussage ist eindeutig verfassungswidrig und doch ein klares Anzeichen für die totalitäre Gesinnung der Souveränisten.[51] Die populistischen Führungen sind vom Allmachtswahn befallen. Unter den entsetzten Blicken seiner Experten verlangt Trump, man solle prüfen, ob es nicht möglich sei, gegen das Virus Desinfektionsmittel zu injizieren. Im selben Brustton der Überzeugung wird er später vorschlagen, das Militär anrücken zu lassen, um die anhaltenden Antirassismus-Proteste zu beenden. Sein eigener Verteidigungsminister wird sich gegen ihn stellen.

In der Zwischenzeit häufen sich in den Vereinigten Staaten die Proteste der »Lockdown-Rebellen«, Rechtsextremen zumeist, die in einigen Staaten, mit großkalibrigen Sturmgewehren bewaffnet, gegen die »Tyrannei« demonstrieren. »Befreit Michigan, Minnesota und Virginia«, twittert Trump und wiegelt die Demonstranten gegen die demokratischen Gouverneure der drei Bundesstaaten auf. Als am 1. Mai bei einer beispiellosen Aktion bewaffnete Gruppen von Demonstranten in das Kapitol von Richmond eindringen, wird dieser Akt der Gewalt vom Präsidenten nicht verurteilt. Er bezeichnet die Demonstranten als »sehr gute Leute«, die zornig seien, weil sie ihr normales Leben zurückhaben wollten, und fordert die Gouverneurin Gretchen Whitmer auf, sich mit ihnen zu verständigen. In einem Versuch, Rechtsextremisten und christliche Fundamentalisten unter einen Hut zu bringen, schwingt der Präsident sogar die Fahne der Religionsfreiheit und verlangt die baldige Öffnung der Kirchen. Papst Franziskus vertritt den entgegengesetzten Kurs. Kurz nachdem die italienische Bischofskonferenz eine polemische Pressemitteilung veröffentlicht hat, um die Wiedereröffnung der Kirchen zu beschleunigen, bekräftigt der Pontifex seine Linie: »Vorsicht und Gehorsam gegenüber den Maßnahmen [der italienischen Regierung], damit die Pandemie nicht zurückkehrt«.

Als Trump – auf dem Höhepunkt der nationalen antirassistischen Demonstrationen und der gewaltsamen Ausschreitungen nach dem Tod des Afroamerikaners George

Floyd, der am 25. Mai von einem Polizisten in Minnesota erstickt worden war – mit der Bibel in der Hand vor der Episkopalkirche St. John gegenüber dem Weißen Haus posiert (nachdem vor ihm unter Einsatz von Schlagstöcken und Tränengas die Straße geräumt worden war), verurteilt die episkopalkirchliche Bischöfin Mariann Budde angewidert den Missbrauch des heiligen Buchs für eine »Botschaft, die den Lehren Jesu antithetisch gegenübersteht«[52]. In Rom kommentiert Pater Spadaro trocken: »Wer die Bibel angesichts einer Tragödie für die eigene weltliche Macht benutzt, macht sie nichtig.«[53] Und ein Blitzbesuch, den der Präsident und seine Frau in denselben aufgeheizten Stunden der katholischen Kirche St. Johannes Paul II. abstatten, wird von Wilton Gregory, dem katholischen Bischof der Hauptstadt, unverzüglich mit dem Kommentar quittiert, dies sei eine »verstörende und tadelnswerte« Manipulation: »Johannes Paul II. war ein glühender Verteidiger der Menschenrechte.«[54] Gregory wird beim Konsistorium im November 2020 von Franziskus den Purpur empfangen: der erste afroamerikanische Kardinal in der Geschichte der Vereinigten Staaten. Ein starkes gesellschaftliches und politisches Signal in einem Land, in dem die *White Supremacy* so verheerende Schäden angerichtet hat.

Im dramatischen Frühjahr des Jahres 2020 druckt der *Osservatore Romano* das kritische Urteil eines jesuitischen Ökonomen über das »katastrophale Pandemiemanagement der Trump-Regierung« ab. Die frontale

Auseinandersetzung zwischen Franziskus und der populistisch-souveränistischen Führung im Weißen Haus dauert schon Jahre. Doch die Pandemie hat den Konflikt, der einzig und allein aus diplomatischen Gründen bemäntelt wird, schärfer hervortreten lassen. Der Pontifex stimmt nicht mit jenen Regierenden überein, die – Trump allen voran – die tödliche Macht des Virus nicht schnell genug zu bremsen versucht und die es versäumt haben, dem Schutz der Bevölkerung oberste Priorität einzuräumen (was dies betrifft, und unabhängig von den späteren, durch die diversen Coronawellen und Virusmutationen verursachten Opferzahlen, schätzt der Pontifex insbesondere die in Italien, Deutschland, Spanien und Frankreich verfolgte Vorgehensweise).

»Franziskus rast vor Zorn über Trumps Politik«, sagt ein ihm nahestehender Kurienerzbischof im Vertrauen. Er ist zornig über seine fremdenfeindliche Anti-Immigrations-Politik, er ist zornig über die Sabotage des Klimaabkommens, über die unverkennbare Tendenz seiner Regierung, sich – ohne die geringste Bereitschaft zu einer internationalen Zusammenarbeit zwecks Entwicklung eines Vakzins, das allen zur Verfügung stehen soll – die Produktions- oder Vorkaufsrechte eines noch zu entwickelnden Impfstoffs zu sichern.

Dass Franziskus den Trumpismus so negativ bewertet, beruht nicht zuletzt auf der eklatanten ideologischen Unterstützung, die dieser in den letzten Jahren den

White-Supremacy-Bewegungen hat zukommen lassen. »Wir können keine Art von Rassismus oder Ausgrenzung tolerieren oder unsere Augen davor verschließen und den Anspruch erheben, die Heiligkeit des menschlichen Lebens zu verteidigen«[55], erklärt er öffentlich während der Proteste gegen den Tod von Floyd. Das richtet sich gegen die Fundamentalisten, die gleichzeitig Rassisten und Abtreibungsgegner sind. Und erteilt so oder so jeder Form von Gewalt eine Absage.

In Rage gebracht hat Franziskus auch der öffentliche Brief von Bischof Carlo Maria Viganò (dem ehemaligen Nuntius, der 2018 den Rücktritt des Pontifex gefordert hatte), in dem dieser Trump als mutigen Verteidiger des Rechts auf Leben unterstützt und preist, der von den »Kindern der Finsternis« angegriffen werde. Bergoglio weiß um das Bündnis zwischen den Ultrakonservativen in der Kirche und der politischen und wirtschaftlichen Rechten in den Vereinigten Staaten. »Es ist eine Ehre, wenn die Amerikaner mich angreifen«, hat er im September 2019 auf dem Flug nach Mosambik beim Anblick eines Buches ausgerufen, das dieses Bündnis thematisiert.[56] Das war das einzige Mal, dass er sich von seinem lateinamerikanischen Anti-Yankee-Temperament hat hinreißen lassen.

Franziskus' größte Sorge betrifft jedoch die geopolitische Ebene. Der Papst fürchtet die Entscheidung der US-amerikanischen Regierung, die Militarisierung des Weltalls voranzutreiben und die Abrüstungsverträge mit Moskau aufzukündigen: den INF-Vertrag über nukleare Mittelstreckensysteme, den Vertrag über den Offenen Himmel, der den Vertragspartnern die gegenseitige Luftbeobachtung mittels nicht bewaffneter Flugzeuge erlaubt, den New-START-Vertrag über die weitere Begrenzung der nuklearen Sprengköpfe (den die Trump-Regierung Ende 2020 nicht zu verlängern gedenkt). Nicht von ungefähr zitiert man im Vatikan die Ansprache des Papstes in Hiroshima, in der er die Verwendung von Nuklearwaffen zu Kriegszwecken als Verbrechen verurteilt und schon den Besitz von Atomwaffen als unmoralisch bezeichnet hat.[57]

Als besonders gefährlich betrachtet Franziskus die grundlegende – ideologische – Option von Trumps Außenpolitik, weil diese den Multilateralismus zerstört. Von seinem Beobachtungsposten aus verfolgt der Pontifex besorgt die aggressive Propaganda, die der amerikanische Präsident, durch sein Pandemiemanagement in Bedrängnis geraten, gegen China und die Weltgesundheitsorganisation entfesselt hat.

Es ist das altbekannte Verhaltensmuster des Souveränismus: Mit dem Finger auf »Feinde« zu zeigen, die das Wohl des »Volkes« attackieren. Trump geht nach ebendiesem Muster vor. Am 24. Januar 2020, als in den USA gerade einmal zwei COVID-19-Fälle bekannt sind, lobt Trump Xi Jinping noch in den höchsten Tönen. »China hat sehr hart gearbeitet, um das Coronavirus in Schach zu halten«, twittert er. »Die Vereinigten Staaten wissen ihre [die chinesischen] Bemühungen und Transparenz sehr zu schätzen [...]. Im Namen des amerikanischen Volkes will ich insbesondere Präsident Xi meinen Dank aussprechen.« Am 27. März berichtet er von einem herzlichen Telefonat mit Xi: »Wir arbeiten [in Sachen Virus] eng zusammen. Große Hochachtung!«

Zwischen April und Mai erfolgt dann die totale Kehrtwende. Ab sofort bezeichnet der amerikanische Präsident, der in seinem Heimatland zunehmend unter Druck gerät, COVID-19 nur noch als das »chinesische Virus«. Wenn China mit Absicht für die Verbreitung des Virus verantwortlich war, droht Trump, dann werde es auch die Folgen zu tragen haben. Am 7. Mai erklärt er, Amerika sei dem schlimmsten Angriff seiner Geschichte ausgesetzt. Schlimmer als der japanische Überfall auf Pearl Harbor. Schlimmer als der Anschlag auf die Zwillingstürme. »Das Virus hätte in China aufgehalten werden können. Und das ist nicht geschehen.«[58] Gleichzeitig lässt er durchblicken, er hätte Informationen darüber, dass das Virus in einem chinesischen Labor in Wuhan entstanden sei. Außenminister Mike Pompeo schlägt in dieselbe Kerbe: »Es gibt stichhaltige Beweise … Es ist nicht das erste Mal, dass wir durch die Schuld der Chinesen von einem Virus betroffen sind.«[59] Doch die Geheimdienste dementieren kategorisch. Das Virus ist nicht im Labor entstanden und ist

nicht das Ergebnis einer menschengemachten geneti-
schen Modifikation. Es wurde vom Tier auf den Menschen übertragen.

In diesem Klima einer aufs Äußerste gesteigerten anti-
chinesischen Eskalation kommt die Idee auf, von Peking
Entschädigung für die Ausbreitung des Virus zu verlangen. Zwei republikanisch regierte Staaten, Missouri und
Mississippi, machen Anstalten, Peking direkt zu verkla-
gen. In Deutschland beziffert die *Bildzeitung* die Wie-
dergutmachung, die der Bundesrepublik zustehe, auf
165 Milliarden Dollar. In der Pressekonferenz um einen
Kommentar gebeten, zieht Trump die Möglichkeit eines
derartigen Schrittes in Betracht und erklärt, dass es um
noch höhere Summen gehe als die, über die die Deutschen diskutierten. »Wir haben den Betrag noch nicht
abschließend kalkuliert«, erklärt er, »[aber] er ist ganz
erheblich.« Und weil sich auf der Bühne der Geschichte
das Tragische immer mit dem Komischen mischt, kündigt auch das »Hôtel de la Poste« im Alpen-Ferienort
Cortina d'Ampezzo an, China vor Gericht bringen zu
wollen, weil man wegen der coronabedingten Absage
des Ski-Weltcup-Finales nicht wie sonst »komplett aus-
gebucht« gewesen sei.

Zeitgleich beginnt in den USA der Feldzug gegen die
WHO, der vorgeworfen wird, den Chinesen hörig zu
sein. Trump kündigt an, er werde die Beiträge kürzen,
dann lässt er verlauten, er werde dieselbe Summe zahlen

wie China, und schließlich erklärt er, er wolle die Vereinigten Staaten aus der Organisation austreten lassen. Der Vorwurf der Abhängigkeit von den Interessen Chinas ist falsch. Die Nachrichtenagentur *Associated Press* meldet im Juni, es lägen Dokumente vor, die bewiesen, dass die Weltgesundheitsorganisation im Januar mehrfach um detaillierte Auskünfte über das Virus gebeten habe und die entsprechenden Informationen von den chinesischen Behörden über eine Woche lang zurückgehalten worden seien.[60] Am Ende beschließt die WHO, dass zu gegebener Zeit eine unabhängige und umfassende Untersuchung über die gesamte Geschichte der Pandemie durchgeführt werden soll.

Auch im Vatikan gibt man sich, was Pekings totale Transparenz im Hinblick auf die frühe Entwicklung von COVID-19 betrifft, keinen Illusionen hin. Der *Osservatore Romano* bringt einen Artikel des Jesuiten und Ökonomen Gaël Giraud, der nicht daran zweifelt, dass die chinesische Regierung es im Umgang mit den Informationen, die einigen Ärzten in Wuhan bereits vorlagen, an Transparenz hat fehlen lassen und dass dies zu folgenschweren Verzögerungen geführt hat.[61] Die Kontroverse wird sich bis in die Präsidentschaft Joe Bidens hinziehen. Wovon sich der Vatikan und Papst Franziskus allerdings entschieden distanzieren, ist das propagandistische Narrativ, das China verteufelt, weil es den Westen daran gehindert habe, den Ernst der Lage frühzeitig zu erkennen. Wer das wollte, wusste bereits im

Januar 2020 alles, was er wissen musste. Die amerikanischen Geheimdienste hatten Präsident Trump zu diesem Zeitpunkt bereits mehrfach gewarnt. Franziskus ist besorgt und erzürnt darüber, dass die USA versuchen, die WHO zu sabotieren, deren Aktivitäten zum Schutz der Gesundheit insbesondere in der Dritten Welt unverzichtbar sind.

Der Heilige Stuhl und die Vereinigten Staaten finden sich an gegensätzlichen Ufern wieder, weil Franziskus der Auffassung ist, dass Trumps Entschluss, einen kalten Krieg gegen China zu beginnen – der unter Umständen in einen bewaffneten Konflikt ausarten könnte –, für die ganze Welt eine nicht zu unterschätzende Bedrohung darstellt. In seiner Bilanz der ersten großen Welle der Pandemie bewertet Franziskus die Politik des republikanischen Präsidenten als eines der Hauphindernisse auf dem Weg zur erhofften Wiederherstellung des internationalen Wirtschafts- und Gesellschaftssystems nach der Seuche.

Die Niederlage des republikanischen Präsidenten bei den Wahlen im November wird im Vatikan mit Erleichterung aufgenommen. »Bidens Sieg. Trumps Krieg«, titelt die Tageszeitung des Heiligen Stuhls *L'Osservatore Romano* in einer Mischung aus Genugtuung und Besorgnis, weil man weiß, dass das Land tief gespalten ist. Einen Monat später wird Trump die Massen aufstacheln und der Mob das Kongressgebäude stürmen.

Wenn man den vatikanischen Außenminister Erzbischof Paul Gallagher fragt, wie er das Risiko einer Schwächung der internationalen Zusammenarbeit einschätzt, dann antwortet der Chef der vatikanischen Diplomatie, dass der Multilateralismus, der sich nach dem Zweiten Weltkrieg entwickelt hat, »für die Zukunft der Menschheit unverzichtbar« ist: »Es ist eine Illusion, sich einzubilden, man könne die großen Probleme auf nationaler Ebene lösen.«

Ein Virus in der Kirche

Nicht einmal in Zeiten des Sturms kommt der langjährige Bürgerkrieg in der Kirche zum Stillstand. Im Mai 2020 bringt ein Trupp Ultrakonservativer ein Manifest in Umlauf, mit dem sie ihre Identität behaupten und dem Papst in die Quere kommen wollen. Der Aufruf trägt den Titel *Veritas liberabit vos* (»Die Wahrheit wird euch frei machen«) und ist eine Brandrede gegen die Quarantäne- und Lockdown-Maßnahmen zur Eindämmung des Coronavirus. Maßnahmen, die der Papst gebilligt hat.

Doch schon zu Beginn des Jahres hatte man angesichts der Möglichkeit, dass Franziskus in bestimmten Weltgegenden die Einsetzung verheirateter Priester genehmigen würde, zum Sturm geblasen. Eine breite Front von Kardinälen – von Robert Sarah bis Marc Ouellet (beide mit Leitungsfunktionen in der Kurie), von Gerhard Ludwig Müller, dem ehemaligen Präfekten der Kongregation für die Glaubenslehre, über Camillo Ruini, den früheren Vorsitzenden der italienischen Bischofskonferenz, bis hin zum emeritierten Papst Joseph Ratzinger – machte mobil, um Franziskus' Reformen den Wind aus den Segeln zu nehmen und eine Entscheidung zugunsten der Priesterweihe verheirateter Diakone zu verhindern. Wie sie von den teilnehmenden Bischöfen auf der Amazonien-Synode abgestimmt und gefordert worden war, die in Anwesenheit des Papstes im Oktober 2019 in Rom stattgefunden hatte.

Aufsehen erregt die Geste von Ratzinger, mit dessen Zustimmung in Paris ein von Benedikt XVI. und Kardinal Robert Sarah gemeinsam verfasstes Buch mit dem Titel *Des profondeurs de nos cœurs* (»Aus der Tiefe des Herzens«) erscheint. Damit wird im Januar 2020 der Nichteinmischungspakt gebrochen, der der Koexistenz zwischen dem zurückgetretenen und dem amtierenden Papst über sechs Jahre lang als Grundlage gedient hatte. Vergeblich erklärt die Entourage Benedikts XVI. im Nachhinein, der pensionierte Papst habe lediglich einen Beitrag zu besagtem Buch verfasst. Kardinal Sarah liefert den Beweis, dass es sich um eine konzertierte Initiative handelt. In der von beiden, Ratzinger und Sarah, unterschriebenen Einleitung berufen sie sich auf den heiligen Augustinus: »*Silere non possum!* Ich kann nicht schweigen!«[62]

Der Zölibat sei »indispensabel«, unentbehrlich, erklärt Benedikt XVI. und betont, dass sich die »Unmöglichkeit einer ehelichen Bindung von selbst« aus der täglichen Eucharistiefeier ergeben habe, in der ein umfassender Dienst für Gott »mitgegeben« sei. Und diese Unmöglichkeit müsse aufrechterhalten werden, weil die sexuelle Enthaltsamkeit im Hinblick auf das Priestertum nunmehr »ontologisch« geworden sei.[63]

Es ist ein handfester Skandal. Da nützt es wenig, dass die Autoren sich als zwei Bischöfe im »kindlichen Gehorsam gegenüber Papst Franziskus« bezeichnen, die in einem »Geist der Liebe zur Einheit der Kirche« nach der Wahrheit suchen. Fakt ist, dass der emeritierte Papst Ratzinger öffentlich zu einem Thema Stellung nimmt – und diese Stellungnahme als Benedikt XVI. unterzeichnet –, zu dem der amtierende Pontifex Franziskus mit einem feierlichen Dokument gerade eine Entscheidung trifft. Agostino Marchetto, altgedienter Vatikandiplomat und Kurienerzbischof, erklärt: »Ich glaube, dass es auch für ihn ein inneres Drama war, aus der Reserve zu kommen. Es ist das Drama eines Menschen, der sich zur Diskretion verpflichtet hat und dann mit den Jahren in seinem Gewissen spürt, dass er seine Meinung öffentlich äußern muss.«[64]

Franziskus reagiert nicht öffentlich, doch er macht Ratzingers Privatsekretär Msgr. Georg Gänswein dafür verantwortlich, dass er den emeritierten Papst nicht zurückgehalten und so diesen Fehltritt verhindert hat. Am 15. Januar 2020 verschwindet Erzbischof Gänswein, der auch Präfekt des Päpstlichen Hauses ist, von der Bildfläche: Bei offiziellen Audienzen wurde er seither nicht mehr gesehen. Und auch der Stern des Kardinals Robert Sarah ist im Sinken begriffen. Mit Vollendung seines 75. Lebensjahres wird Sarah, wie es üblich ist, seinen Rücktritt als Präfekt der Gottesdienstkongregation anbieten. Franziskus wird ihn noch einige Monate lang in diesem Amt belassen und schließlich im Februar 2021 seinen Rücktritt akzeptieren.

Im Mai 2020 also ergreift Ex-Nuntius Carlo Maria Viganò die Initiative und verfasst das Dokument *Veritas liberabit vos*. Der Aufruf der konservativen Gegner des Papstes bedient sich einer Sprache, wie man sie sonst von Verschwörungstheorien kennt: »Wir haben Grund zur Annahme [...], dass es Kräfte gibt, die daran interessiert sind, in der Weltbevölkerung Panik zu erzeugen.« Unter dem Vorwand der Maßnahmen gegen die Pandemie versuche man grundlegende Menschenrechte einzuschränken, »einschließlich des Rechts auf Religionsfreiheit, auf freie Meinungsäußerung und auf Bewegungsfreiheit«[65]. Prominenteste Unterzeichner sind neben Viganò die Kardinäle Gerhard Ludwig Müller, Joseph Zen, emeritierter Bischof von Hongkong, und Jānis Pujats, emeritierter Erzbischof von Riga. Kardinal Sarah zieht seine Unterschrift im letzten Augenblick zurück.

Im Gegensatz zur offiziellen Haltung sämtlicher katholischer Bischofskonferenzen (die den Anweisungen der Behörden ohne Zögern Folge leisteten, als diese alle Arten von Versammlungen einschließlich Heiliger Messen und anderer religiöser Feiern untersagten) malen die Purpurträger der Opposition eine »hasserfüllte technokratische Tyrannei« an die Wand. Der Staat, so betonen sie, »hat keinerlei Recht, sich aus welchem Grund auch immer in die Souveränität der Kirche einzumischen. [...] Die Rechte Gottes und der Gläubigen sind das oberste Gesetz der Kirche.«[66]

Immer wieder gebraucht der Text die Formulierung »Wir Hirten« und schlägt damit einen Ton an, der – ohne es ausdrücklich zu sagen – eine angebliche Führungsschwäche von Papst Franziskus anprangern soll. In den konservativen Kreisen des Vatikans hört man oft, dass der argentinische Papst dem Amt, das er innehat, nicht gewachsen sei. Also fordert der Aufruf eine Entscheidung: »Entweder mit Christus oder gegen Christus!«

Der Hieb gegen den Kurs des Heiligen Vaters, der immer zur Besonnenheit und zur Befolgung der von den zivilen Behörden zur Eindämmung der Pandemie aufgestellten Regeln gemahnt hat, ist unverkennbar. Und unverkennbar ist auch die Härte des Konflikts im Innern des Katholizismus. Der Erzbischof von Bologna, Matteo Zuppi, den Franziskus im November 2020 zum Kardinal ernannt hat, hat ein Buch über die Hasskultur geschrieben, die sich in der Gesellschaft ausbreitet. Selbst in der katholischen Kirche, so der Bischof, erleben wir seit geraumer Zeit »eine Hartnäckigkeit und Ausweitung der Kritik, deren Heftigkeit und sprachliche Vulgarität ohne Beispiel sind«. Ein Kapitel seines Buchs trägt den bezeichnenden Titel: »Auch in der Kirche hasst man (sich)«[67].

Doch in Unkenntnis der tatsächlichen Gemütslage im Kirchenvolk sorgen die Unterzeichner des Aufrufs mit der Heftigkeit und apokalyptisch-konspirationistischen Manier ihres Widerstands auch in den Reihen der Traditionalisten für Irritationen. Eine an der konservativen Front so aktive Persönlichkeit wie der Historiker Roberto de Mattei, Vorsitzender der Lepanto-Stiftung, zeigt sich verwundert darüber, dass Männer der Kirche ihre Kompetenzen derart überschreiten und zu gesundheitspolitischen Maßnahmen der Regierungen Stellung nehmen. Letztlich stärkt der ungeordnete Angriff – der sich obendrein Argumente zu eigen macht, wie sie rechtsextreme Gruppierungen in den Vereinigten Staaten und in Europa auf ihren sogenannten libertären Demonstrationen vorbringen – die Position von Papst Franziskus.

Der Papst kann solche Ausbrüche nicht leiden. »Und wenn ich dann diese christlichen ›Saubermänner‹ sehe, die sich im Vollbesitz der Wahrheit glauben, der Rechtgläubigkeit, der einzig wahren Lehre, Leute, die immer sagen: ›Es muss genauso gemacht werden und nicht anders‹, Leute, die sich nicht einmal die Hände schmutzig machen, um einem anderen aufzuhelfen; wenn ich solche Christen sehe, sage ich: Ihr seid keine Christen. Ihr seid Theisten, getauft mit den Wassern des Christentums, aber ihr seid dort noch lange nicht angekommen.«[68]

Das Virus, das das gegenwärtige Pontifikat vergiftet, hat tiefe und weit verästelte Wurzeln. Der »Kulturkrieg«, der – mit der fixen Idee von den sogenannten unverhandelbaren Prinzipien: eine Formulierung, die Papst Franziskus kurz nach seiner Wahl als unverständlich bezeichnet hat – in der Zeit Johannes Pauls II. gegen die

moderne Gesellschaft entfesselt wurde und unter Benedikt XVI. an Intensität zugenommen hat, hat in Teilen
des Klerus und insbesondere der kirchlichen Hierarchie
tiefe Spuren hinterlassen. Vor allem, aber nicht nur, in
Nordamerika.

Joe Biden hatte sein Amt als 46. Präsident der Vereinigten Staaten gerade erst angetreten und eine herzliche
Botschaft von Franziskus erhalten, als die Führung des
amerikanischen Episkopats bereits eine beispiellose Atta-
cke gegen ihn ritt. Der Papst wünscht dem zweiten katholischen US-Präsidenten seit John F. Kennedy reichen
Segen und bringt seine Hoffnung auf eine Politik zum
Ausdruck, die mit Blick auf das globale Gemeinwohl von
Gerechtigkeit, Freiheit und der Achtung vor der Würde
eines jeden Menschen und insbesondere derer inspiriert
ist, »die keine Stimme haben«. José Horacio Gómez dagegen, Erzbischof von Los Angeles und Vorsitzender
der amerikanischen Bischöfe, beeilt sich klarzustellen,
dass es Bereiche gebe, in denen »wir einer Meinung sind
und eng zusammenarbeiten, und Bereiche, in denen wir
grundsätzlich anderer Meinung sind und energischen
Widerstand [leisten werden]«. Gleich anschließend folgen die Anklagepunkte, nämlich dass »unser neuer Präsident dafür plädiert hat, gewisse Politiken zu verfolgen,
die moralische Übel verschlimmern und das Leben und
die Würde des Menschen bedrohen würden, am gra-
vierendsten in den Bereichen Abtreibung, Empfängnis-
verhütung, Ehe und Gender«. Gomez, Numerarier des

Opus Dei, sieht Gefahren für die Freiheit der Kirche und die Freiheit der Gläubigen, im Einklang mit ihrem Gewissen zu leben.[69]

Der stilistische und inhaltliche Kontrast zur pastoralen Linie von Papst Franziskus ist derart himmelschreiend, dass der Kardinal von Chicago, Blase Cupich, auf Twitter die »unüberlegte Stellungnahme« der Bischofskonferenz kritisiert und darauf hinweist, dass die Erklärung nicht das Ergebnis einer kollegialen Beratung sei.

Als Biden jedoch die von Trump erlassene Verfügung, internationalen Organisationen, die Schwangerschaftsabbrüche oder entsprechende Beratungen anbieten, die Gelder zu streichen, wieder außer Kraft setzt, wird dieser Schritt von der amerikanischen Bischofskonferenz scharf verurteilt. Der Vorwurf: Verletzung der Menschenwürde und Unvereinbarkeit mit der katholischen Lehre.[70] Zur gleichen Zeit unternimmt der Erzbischof von San Francisco, Salvatore Joseph Cordileone, einen Frontalangriff gegen die Sprecherin des Repräsentantenhauses Nancy Pelosi, Demokratin und Katholikin, weil sie in Sachen Abtreibung die Wahlfreiheit der Frauen befürwortet. »Kein Katholik«, so der Erzbischof, »kann guten Gewissens die Abtreibung befürworten. Der Boden unseres Landes ist mit unschuldigem Blut getränkt, und das muss ein Ende haben.« Übrigens hatte die amerikanische katholische Bischofskonferenz gleich nach den Wahlen im November eine Arbeitsgruppe (unter Leitung des konservativen Bischofs Allen Vigneron) eingesetzt, die untersuchen sollte, ob man Biden die Kommunion reichen dürfe oder nicht.

Man darf nicht vergessen, dass der konservative Flügel der amerikanischen Bischöfe zu den heftigen persönlichen Vorwürfen, die Ex-Nuntius Viganò gegen Papst Franziskus erhob, stets geschwiegen hat. Und Viganò selbst hatte gemeinsam mit der Gruppe LifeSiteNews zu einem »Rosenkranz-Kreuzzug« für die Wiederwahl von Präsident Trump aufgerufen: »Beten wir für seinen Sieg, den Gott, der Herr der Heerscharen, ihm gewähren wird, wenn er sich unter Seinen Schutz zu stellen weiß ...«

Diese Episoden zeigen, dass nach über sieben Jahren Bergoglio-Pontifikat tiefe Risse in der Kirche klaffen. In den Vereinigten Staaten sind die Bischöfe wojtyłascher und ratzingerscher Prägung überdies in der Mehrzahl. Im Großen und Ganzen aber ist die Amtskirche – auch wenn die Verhältnisse von Land zu Land unterschiedlich sind – überall in der katholischen Welt in dieselben Lager gespalten.

Die Priesterweihe verheirateter Männer in Amazonien verläuft ebenso im Sande wie die Frage des Frauendiakonats. Eine erste Studienkommission kommt zu keinen gemeinsamen Schlussfolgerungen. Im Mai 2019 empfängt der Papst die Teilnehmerinnen an der Versammlung der Generaloberinnen der Frauenorden in Audienz und räumt ein, dass das Ergebnis »nichts Besonderes« sei. Als der Pontifex Gelegenheit zu Fragen gibt, steht eine deutschsprachige Franziskanerin auf, um im Namen der vielen Frauen zu sprechen, »die sich danach sehnen, gleichberechtigt dem Volk Gottes zu dienen«. Sie fordert, dass die Frage mit derselben Kraft angepackt werden solle, mit der sich Christus seinerzeit der Welt der Frauen zugewandt habe. Will sagen, mit einer Kreativität, die über eine bloße Konsultation der historischen und dogmatischen Quellen hinausgeht.

Franziskus antwortet defensiv und erklärt, dass man herausfinden müsse, was am Anfang der Offenbarung war, »ob es dort etwas gab«, und dann müsse man »es wachsen, es ankommen [...] lassen ... Wenn dort nichts war, wenn der Herr den Dienst nicht gewollt hat, dann geht der sakramentale Dienst für die Frauen nicht.«[71]

Am 8. April 2020 richtet Franziskus eine zweite Studienkommission zum Frauendiakonat unter Kardinal Giuseppe Petrocchi, dem Erzbischof von L'Aquila, ein. Mitglied der Kommission ist gemeinsam mit vier weiteren Frauen die Professorin Anne-Marie Pelletier, eine Theologin, die Franziskus bereits mit der Abfassung der Kreuzwegmeditationen des Jahres 2017 betraut hatte. Im darauffolgenden Monat, am 21. Mai, dem Fest Christi Himmelfahrt, als nach dem Rücktritt von Kardinal Philippe Barbarin der Bischofssitz von Lyon vakant wird, gibt die 73-jährige Theologin und Bibelwissenschaftlerin Anne

Soupa öffentlich ihre Kandidatur für das erzbischöfliche Amt bekannt. Ziel ist es, die Kirche für die »Unsichtbarkeit« der Frauen zu sensibilisieren. Die Theologin hat einen langen Weg hinter sich: 2008 hat sie gemeinsam mit der Theologin und Schriftstellerin Christine Pedotti das bewusst ironisch sogenannte *Comité de la jupe* (»Rock-Komitee«) ins Leben gerufen, um gegen die Herabwürdigung der Frauen in der Institution Kirche zu kämpfen.

Im Anschluss an ihre Initiative in Lyon entsteht das Kollektiv Toutes Apôtres (»Alle Apostelinnen«): sieben Frauen, die am 22. Juli bei der Nuntiatur in Paris ihre Bewerbungen einreichen: für das Amt des Bischofs, Pfarrers, Diakons, Nuntius, Predigers … Zwischen Ende September und Anfang Oktober 2020 empfängt Nuntius Celestino Migliore, ein Veteran der vatikanischen Diplomatie, jede von ihnen zu einem Einzelgespräch. Es ist eine Geste der Aufmerksamkeit, doch über den Austausch von Höflichkeiten hinaus gibt es keine greifbaren Resultate: Die Frage scheint von Anfang an festgefahren. Als Anne Soupa erklärt, dass die derzeitige Struktur der Kirche »in den letzten Zügen« liege und eine tiefgreifende Neuorientierung brauche, spricht sie Theologinnen und Theologen, Ordensfrauen, Bischöfen, engagierten Laiinnen und Laien, Priestern und Mönchen in verschiedenen Teilen der Welt aus dem Herzen. Ihre Zahl ist schwer zu beziffern. Wichtiger als die Zahl ist letztlich das Bewusstsein, dass eine historische Epoche sich ihrem Ende nähert.

Die Frauenfrage stellt das gesamte Modell, auf dessen Grundlage sich die Kirche seit dem Mailänder Edikt entwickelt hat, und nicht nur ihre vom Judentum ererbte und vom Islam perpetuierte stark patriarchalische Prägung zur Debatte. Wobei es in den reformierten und anglikanischen christlichen Kirchen inzwischen Pastorinnen und Bischöfinnen gibt und auch im Judentum und im Islam Frauen als Rabbinerinnen und Imaminnen tätig sind.

In Deutschland ist seit 2019 die Bewegung Maria 2.0 aktiv, die den Zugang der Frauen zu allen kirchlichen Ämtern und die Abschaffung des Pflichtzölibats fordert. Zeitweise hat sie Kirchenstreiks organisiert, um die dringende Notwendigkeit einer Gleichberechtigung zu betonen, später – in Anlehnung an Luther – an deutschen Kirchenportalen sieben Thesen angeschlagen. Lisa Kötter, Mitgründerin der Bewegung, spricht im Fernsehen von der »Machtkirche, die erstarrt vor Angst«. Und wirklich ist man in den traditionsgebundenen Kreisen des Vatikans, aber auch in Teilen des Weltklerus und der weltkirchlichen Hierarchie, die sich schon immer vor Neuerungen fürchten, höchst alarmiert über das, was in der Kirche in Deutschland geschieht. Walter Brandmüller, emeritierter Kurienkardinal, ist der Meinung, dass das Schisma in Deutschland praktisch schon begonnen habe: »Sie fordern seit Langem das Frauenpriestertum, die Kommunion für wiederverheiratete Geschiedene, die Akzeptanz von Homosexualität, die Segnung homosexueller Paare.« Für Brandmüller leidet der deutsche Katholizismus an mehreren Symptomen, nämlich an der Abkehr von der hierarchischen Gemeinschaft und am Dissens auf lehramtlicher wie auch auf dogmatischer Ebene hinsichtlich der Glaubenswahrheiten: »Es ist ein Abgleiten in protestantische Positionen.«[72]

Auch der einflussreiche Kardinal Ruini lässt das Wort Schisma fallen. Als ehemaliger Vorsitzender der italienischen Bischofskonferenz hat der 90-Jährige eine lange Generation von Bischöfen herangezogen und verfügt bis heute über hervorragende Beziehungen im Vatikan. Natürlich erklärt er, dass er inständig betet, damit die Gefahr nicht Wirklichkeit wird.

De facto steht die Kirche in Deutschland nunmehr bereits seit einigen Jahren an der Spitze der Reformbewegung des Weltkatholizismus. Es ist eine unbequeme Position. Der synodale Weg, den die deutsche Bischofskonferenz gemeinsam mit dem Zentralkomitee der deutschen Katholiken beschritten hat (und schon das hat die vatikanischen Hierarchien beunruhigt), hat denkbar brisante Fragen aufgeworfen: zu Macht und Gewaltenteilung in der Kirche, zum priesterlichen Leben, zur Beteiligung der Frauen an Diensten und Ämtern in der Kirche, zu Sexualität und Lebensbeziehungen.

Auf einen besorgten Brief von Papst Franziskus folgt im November 2019 ein warnendes Schreiben von Kardinal

Marc Ouellet, dem Präfekten der Bischofskongregation, an den damaligen Vorsitzenden der deutschen Bischofskonferenz Kardinal Reinhard Marx. Ouellet erinnert die deutschen Bischöfe und Katholiken an bestehende Grenzen. Ohne Zweifel enthalten die Themen des synodalen Wegs potenziellen Zündstoff, was das theologisch-ideologische Gleichgewicht im Innern des katholischen Universums betrifft. Zwar hat die Pandemie das synodale Projekt verlangsamt, aber zum Stillstand gebracht hat sie es nicht. Das Programm geht voran, trotz des Widerstands von Persönlichkeiten wie dem Kölner Kardinal Rainer Maria Woelki.

Was die Sendung der Frauen betrifft, sind die beiden repräsentativsten Kardinäle des deutschsprachigen Katholizismus – Reinhard Marx aus München und Christoph Schönborn aus Wien – davon überzeugt, dass die Diskussion offen bleiben muss, auch wenn Papst Franziskus erneut betont hat, dass das Frauenpriestertum keine denkbare Option darstellt. In Rom hat man die Ernennung der Theologin Beate Gilles zur Generalsekretärin der deutschen Bischofskonferenz als ein Signal gewertet.

Auf dem Papst lastet das Bewusstsein, dass bei den derzeitigen Verhältnissen in der kirchlichen Hierarchie keine Zweidrittelmehrheit für das Frauenpriestertum erreichbar wäre, wenn auf einer weltweiten Synodalversammlung über das Thema debattiert würde.

Trotz dieser Brandmauer erweist sich die Zeit der Pandemie als eine Phase, in der der argentinische Papst immer mehr Frauen mit zentralen kirchlichen Leitungsämtern betraut. Zum ersten Mal in der Geschichte der Kirche wird eine Frau, die Juristin und Focolarin Francesca Di Giovanni, zur Untersekretärin des vatikanischen Staatssekretariats ernannt. Die französische Ordensfrau Nathalie Becquart wird Untersekretärin der Bischofssynode (die erste Frau mit Stimmrecht bei den Synodalversammlungen), die italienische Richterin Catia Summaria wird »Staatsanwältin« am vatikanischen Berufungsgericht, die Theologin Núria Calduch-Benages wird Sekretärin der Päpstlichen Bibelkommission und Immacolata Incocciati Generalsekretärin der Päpstlichen Lateranuniversität. Die Wirtschaftswissenschaftlerin Schwester Alessandra Smerilli, Dozentin an der Päpstlichen Universität Auxilium, wird damit betraut, die Aktivitäten der Arbeitsgruppe Wirtschaft der vatikanischen Studienkommission zu koordinieren, die sich mit den sozioökonomischen und kulturellen Perspektiven der Zeit nach der Pandemie befasst. Weitere sechs Frauen – unter ihnen die deutsche Rechtswissenschaftlerin Charlotte Kreuter-Kirchhof und die kroatisch-deutsche Betriebswirtin Marija Kolak, Vorsitzende des Bundesverbandes der Deutschen Volksbanken und Raiffeisenbanken – werden als Expertinnen in den Wirtschaftsrat berufen.

Es ist eine schrittweise Umgestaltung der menschlichen Landschaft im Inneren der vatikanischen Struktur. Und schließlich verfügt Franziskus mit einer Änderung am Codex des Kanonischen Rechts, dass Frauen (wie jeder Gläubige) mit »dem festgelegten liturgischen Ritus« dauerhaften Zugang zum Dienst der Lektoren und Akolythen erhalten können. Das Wort Gottes zu verkündigen und als außerordentliche Kommunionspender zu dienen, sind Funktionen, die die Frauen in der Praxis schon seit Jahrzehnten ausüben. Allem Anschein nach nichts Neues. Und doch demontiert Franziskus mit der Änderung des kirchlichen Gesetzbuchs alte Klischees und bereitet weiteren Neuerungen den Boden. Man darf nicht vergessen, dass die zentralen Entscheidungen der Amazonien-Synode zwar nicht umgesetzt, aber auch nicht verworfen worden sind, will sagen: Sie sind nicht vom Tisch.

Franziskus weiß genau, dass die Diskussion über eine grundlegend neue Rolle der Frauen nicht zu den Akten gelegt werden kann. Nicht zufällig erscheint in der Monatsbeilage »Frauen Kirche Welt« des *Osservatore Romano* ein Artikel, der das Problem des Klerus als einer Körperschaft thematisiert, die sich selten infrage stellt und nicht zur Selbstreflexion imstande ist. Diese Körperschaft, so Cristina Simonelli, Leiterin des Netzwerks katholischer Theologinnen in Italien, hat Angst vor den Frauen und betrachtet sie als ein Problem.

Während weltweit weiterhin die Pest grassiert, verfasst Franziskus seine Enzyklika *Fratelli tutti*, in der er noch einmal sein Bild von einem Gott entwirft, der über alle konfessionellen und weltanschaulichen Grenzen hinweg der Vater aller Menschen ist. »Komm, Heiliger Geist« – so endet das Abschlussgebet der am 3. Oktober 2020, einen Tag vor dem Fest des heiligen Franziskus veröffentlichten Enzyklika –, »zeige uns deine Schönheit, die in allen Völkern der Erde aufscheint, damit wir entdecken, dass sie alle wichtig sind, dass alle notwendig sind, dass sie verschiedene Gesichter der einen Menschheit sind, die du liebst.«[73]

Zur gleichen Zeit aber erreicht in der römischen Kurie ein Finanzskandal großen Ausmaßes – eine desaströse Spekulation im Umfang von 300 Millionen Euro – seinen Höhepunkt, der an die turbulenten Ereignisse im Vorfeld des Amtsverzichts Benedikts XVI. erinnert. Ereignisse, die die stimmberechtigten Kardinäle beim Konklave 2013 zu der Forderung veranlassten, dass sein Nachfolger für klare und saubere Verhältnisse in den vatikanischen Finanzen sorgen müsse.

Am 24. September 2020, einem Donnerstag, hat Kardinal Giovanni Angelo Becciu am späten Nachmittag einen Termin mit Papst Franziskus. Es ist ein wöchentliches Routinetreffen, der Purpurträger ist Präfekt der Kongregation für die Heiligsprechungen. Das Gespräch dauert 23 Minuten. Danach ist für Becciu nichts mehr wie vorher. Kaum, dass er den Raum betreten hat, teilt ihm der Pontifex mit, dass er nicht länger sein Vertrauen genieße, und zwingt ihn, von der Leitung der

Kongregation zurückzutreten. Und damit nicht genug. Außerdem erklärt Franziskus dem fassungslosen Kardinal, dass er ihm die Kardinalsprivilegien entzieht: die Teilnahme am Konklave und die Möglichkeit der Zugehörigkeit zu den Organen und Kommissionen der Kurie. Zur Abendessenszeit erfahren die Römer und die internationalen Massenmedien aus einer dreizeiligen Pressemitteilung, dass der Heilige Vater »den von Seiner Eminenz Giovanni Angelo Kardinal Becciu erklärten Verzicht auf das Amt des Präfekten der Kongregation für die Selig- und Heiligsprechungsprozesse und auf die mit dem Kardinalat verbundenen Rechte« akzeptiert habe.

Niemand – nicht einmal Kardinalstaatssekretär Pietro Parolin – wusste im Vorfeld über Bergoglios drastischen Schritt Bescheid. Eine noch nie dagewesene Maßnahme, wenn man einmal vom Fall des französischen Kardinals Louis Billot absieht, den Pius XI. 1927 aufgrund seiner Nähe zur *Action Française* zum Rücktritt zwang.

Es ist der Paukenschlag in einer Affäre, die sich binnen eines Jahres zu einer Lawine ausgewachsen hatte. Der 72-jährige Becciu, ein gebürtiger Sarde, war von 2011 bis 2018 der drittmächtigste Mann im Vatikan: Substitut des Staatssekretariats (also de facto der Stellvertreter des Kardinalstaatssekretärs) und Vertrauter von Benedikt XVI. und Franziskus. Er ist für die finanziellen Rücklagen des Staatssekretariats zuständig: einen »Notgroschen« von etwa 700 Millionen Euro. 2013 beschließt er zu Investitionszwecken den Ankauf einer Luxusimmobilie in der Londoner Sloane Avenue, Haus Nummer 60. Eine ganz schlechte Idee. Dem Vatikan gehören nur 45 Prozent der luxemburgischen Gesellschaft, die Eigentümerin der Immobilie ist. Außerdem ist das Objekt mit einer Hypothek zu marktunüblichen Zinsen (von bis zu 8 Prozent) belastet. Nach fünf Jahren ist die Investition wertlos. Im Zuge der Transaktionen tauchen merkwürdige Finanziers und Makler auf, die Geld aus den vatikanischen Kassen saugen.

Im November 2018 versucht der neue Substitut, der Venezolaner Edgar Peña Parra, die vollständigen Eigentums- und Nutzungsrechte an dem Gebäude zu erwerben. Im Juni 2019 wird der IOR, die Vatikanbank, zu einer Anzahlung von 150 Millionen Euro aufgefordert, um die Hypothek, die auf der Immobilie lastet, umzuschulden. Doch der IOR und das Büro des vatikanischen Generalrevisors halten die Transaktion für irregulär und leiten die Dokumentation am 2. Juli an den Staatsanwalt weiter. Es werden Ermittlungen aufgenommen.

In einer Zeit, in der sich der Haushalt des Vatikans mit ungefähr 70 Millionen in den roten Zahlen befindet, löst die schlechte Verwaltung der Geldrücklagen des Staatssekretariats einen Skandal aus, der durch das Eingreifen der vatikanischen Staatsanwaltschaft öffentlich wird. Am 1. Oktober verschafft sich die Polizei – ein nie dagewesener Akt – Zutritt zu den Büros des Staatssekretariats und dem Sitz der Vatikanischen Finanzinformationsbehörde AIF, durchsucht Schreibtische und beschlagnahmt Computer. Am darauffolgenden Tag wird die Entlassung von fünf Funktionären, Klerikern und Laien, bekannt. Msgr. Mauro Carlino vom Staatssekretariat, langjähriger Privatsekretär von Kardinal Becciu, Tommaso di Ruzza, der Leiter der AIF, und weitere drei Angehörige der Ersten Sektion des Staatssekretariats. Gegen die fünf wird ermittelt, und weil sie am Betreten des vatikanischen Territoriums gehindert werden sollen, werden ihre Steckbriefe veröffentlicht. (Diese Fotos, die an die Presse gelangen, werden später als Grund für die Entlassung des Leiters der Gendarmerie Domenico Giani angegeben werden, was jedoch eher ein Vorwand gewesen zu sein scheint, um sich einer Person zu entledigen, die man für allzu mächtig hielt und die Becciu nahestand).[74]

Wenige Wochen später beschreibt Kardinalstaatssekretär Pietro Parolin die ganze von Becciu angeleierte Sloane-Avenue-Transaktion als »eher undurchsichtig« und verspricht vollständige Aufklärung. Kardinal Becciu reagiert verärgert: »Das sind rufschädigende Anschuldigungen, die ich mit Entschiedenheit und Verachtung zurückweise.« In der Zwischenzeit wird in der Kurie mit der Entlassung von Msgr. Alberto Perlasca, elf Jahre lang Verwalter der Geldreserven des Staatssekretariats und ein enger Vertrauter des Kardinals, eine weitere wichtige Figur seines Machtsystems aus dem Spiel genommen. Die vatikanischen Staatsanwälte Gian Piero Milano und sein

Stellvertreter Alessandro Diddi lassen seine Privaträume durchsuchen. Später werden sie die Beschlagnahmung seiner laufenden Schweizer Konten veranlassen. Stillschweigend werden die beiden Prälaten, die Becciu am nächsten stehen – Carlino und Perlasca –, aus dem diplomatischen Dienst des Heiligen Stuhls entfernt und in ihre Herkunftsdiözesen zurückgeschickt.

Es ist der 15. Februar 2020, die Pest des Coronavirus klopft an die Türen Europas, und Papst Franziskus zieht bei der Eröffnung des vatikanischen Gerichtsjahrs Bilanz. Er unterstreicht die Notwendigkeit, dem illegalen Finanzgebaren einen Riegel vorzuschieben, und hebt die Bedeutung strenger und wirksamer Kontrollen wie jener hervor, die »kürzlich verdächtige Finanzlagen ans Tageslicht gebracht« haben. Von ihrer eventuellen Rechtswidrigkeit abgesehen, so Franziskus, handele es sich um Transaktionen, die sich »schlecht mit dem Wesen und den Zielen der Kirche vertragen und die in der Gemeinschaft der Gläubigen Verwirrung und Unruhe erzeugt haben«[75].

Als der Sommer vorbei ist, rollt Beccius Kopf. Medienberichten zufolge soll er versucht haben, einer von seinem Bruder Tonino geleiteten sardischen Sozialgenossenschaft Gelder aus dem Peterspfennig zukommen zu lassen. Andere Enthüllungen betreffen eine Finanzierung im beträchtlichen Umfang von 1,5 Millionen Euro, die der angolanische Erdölunternehmer Antonio Mosquito einem Konsortium von Bierbrauern zugesagt haben soll. Vorsitzender des Konsortiums ist Mario Becciu, ein weiterer Bruder des Kardinals und Psychologiedozent an der Salesianer-Universität in Rom. Er erklärt, dass Mosquito bereits 800 000 Euro überwiesen und man einen »ordnungsgemäßen Vertrag über die Rückerstattung der Gelder« unterzeichnet habe.[76] In Wirklichkeit war der spätere Kardinal Becciu von 2001 bis 2009 Nuntius in Angola und ist persönlich mit Mosquito bekannt: 2013, in seiner Zeit als Substitut, dachte man im Staatssekretariat darüber nach, gemeinsam mit Mosquitos Firma 250 Millionen Euro in Ölplattformen zu investieren. Der Handel kam nicht zustande.

In diesem Geldwirbel durfte natürlich auch eine Frau nicht fehlen. In den Akten der vatikanischen Ermittlungen zur Affäre Becciu taucht der Name Cecilia Marogna auf: Die 40-jährige Sardin gibt sich als »autodidaktische« Geheimdienstexpertin aus. Sie trägt ein Schreiben mit dem Briefkopf des Staatssekretariats bei sich, das Substitut Giovanni Angelo Becciu am 17. November 2017 unterzeichnet hat. Eine verbindliche Referenz. Sie bescheinigt, dass »Frau Marogna als geopolitische Analystin und außenpolitische Beraterin für die Abteilung für allgemeine Angelegenheiten des Staatssekretariats tätig ist«.

Ein Jahr später, am 19. Dezember 2018, wird im slowenischen Ljubljana die Firma »Logsic d.o.o.« gegründet.

Marogna ist Geschäftsführerin, und als Unternehmensziel wird die Gewährleistung einer »nicht stationären sozialen Betreuung« angegeben. Am Firmensitz befinden sich lediglich ein Briefkasten mit fünf weiteren Namen und ein abgeschlossenes Büro ohne Türschild. Zwischen dem 20. Dezember 2018 und dem 11. Juli 2019 – das decken die vatikanischen Ermittler auf – werden auf dem laufenden Konto der Gesellschaft neun Gutschriften im Gesamtumfang von 575 000 Euro verbucht. Verwendungszweck: »Beitrag für humanitäre Mission«. Anhand der Kontoauszüge stellt die päpstliche Gendarmerie fest, dass mit Marognas Kreditkarten Ausgaben getätigt worden sind, die »nicht das Geringste mit Hilfsleistungen und humanitären Zielen zu tun haben«. Zahlungen in Filialen von Prada, Tod's, Missoni, Louis Vuitton, Max Mara, in Supermärkten und Einkaufszentren und in luxuriösen Touristenunterkünften wie dem Hotel Cervo an der Costa Smeralda (Sardinien).

In einem Interview mit dem *Corriere della Sera* erklärt Angela Marogna, sie habe »ein Netzwerk aus Beziehungen in Afrika und dem Nahen Osten aufgebaut, um Nuntiaturen und Gesandtschaften vor örtlichen Gefahren und terroristischen Zellen zu beschützen«, und Personen in Afrika dafür bezahlen müssen, dass sie das »Krisenmanagement« und die PR-Arbeit übernommen hätten.[77] Die Dame liebt das *Name Dropping* und behauptet, sie stehe in Verbindung mit ehemaligen hochrangigen Funktionären der italienischen Geheimdienste

(AISE), wichtigen Generälen wie Luciano Carta und Giovanni Caravelli – doch die Recherchen der italienischen Presse ergeben keinerlei Hinweise darauf, dass man die Dame in Geheimdienstkreisen als eine brillante 007 kennt. Vom 13. bis zum 30. Oktober 2020 steht Marogna in Mailand unter Arrest und wartet auf ihre Auslieferung an den Vatikan, die sich jedoch mangels eines entsprechenden Abkommens zwischen Italien und dem Heiligen Stuhl als unmöglich erweist. Geschehnisse, die, wie Staatssekretär Parolin zugibt, »nur für Verwirrung sorgen können«.

Im Lauf der Jahre hat der Papst Fehler gemacht. Zwei davon waren besonders folgenschwer.

Als im Juni 2017 die Nachricht eintrifft, dass Kardinal Pell in Australien wegen mutmaßlicher Pädophilie-Delikte (eine Anklage, von der er 2020 freigesprochen wird) vor Gericht gestellt werden soll, wird Pell von Franziskus beurlaubt. Eine völlig korrekte Entscheidung. Es ist jedoch ein Fehler, dass der Papst nicht unverzüglich einen Interimschef für das Wirtschaftssekretariat ernennt, der die Arbeit des australischen Kardinals genauso energisch fortführt.

Denn alle wissen, dass sich Pell im Vatikan etliche Feinde gemacht hatte, weil er keine finanziellen Alleingänge duldete und, seinem Auftrag gemäß, für Transparenz sorgen und die Verwendung der von den verschiedenen Institutionen des Heiligen Stuhls verwalteten Gelder rigoros kontrollieren wollte. Die päpstliche Entscheidung, zuzulassen, dass das Sekretariat sich über zwei lange Jahre hinweg auf bloße Verwaltungstätigkeiten beschränkte, war für die Feudalherren des vatikanischen Apparats ein Zeichen, dass sie sich von den »Einmischungen« des nicht gerade zimperlichen Pell befreit hatten. Ein doppelt falsches Signal, weil es zum einen die Reformbemühungen zum Stillstand brachte und zum anderen außer Acht ließ, dass auch ein Teil der konservativen Kardinäle – nicht zuletzt Personen aus Ratzingers Umfeld – die Säuberung des vatikanischen Finanzwesens befürwortete.

Der zweite Fehler: Im selben Juni 2017 wird der vatikanische Generalrevisor Libero Milone entlassen, ein Experte mit tadellosem Lebenslauf, der auf eine über 30-jährige Karriere bei der internationalen Wirtschaftsprüfungsgesellschaft Deloitte zurückblickt. Genau wie Pell musste auch er die Erfahrung machen, dass seine Bemühungen, im Finanzgebaren der Vatikanverwaltung für Klarheit zu sorgen, sabotiert wurden. Der damalige Substitut Giovanni Angelo Becciu bestellte ihn aus heiterem Himmel ein und erklärte ihm, dass er nicht länger das Vertrauen des Papstes genieße. Der Chef der Gendarmerie Domenico Giani drohte, ihn zu verhaften. Milone wurde zu Unrecht beschuldigt, Gelder veruntreut und eine externe Agentur mit Nachforschungen zum Privatleben von Vertretern des Heiligen Stuhls beauftragt zu haben. Ein Jahr später muss der vatikanische Gerichtshof zu Protokoll geben, dass kein Dossier über ihn angelegt worden ist: keine Untersuchung, keine Verurteilung. Milone ist sauber.

Milone hat dem Papst über sichere Kanäle einen Brief zukommen lassen, in dem er ihm erklärt, dass er das Opfer eines Komplotts sei. Der Pontifex hat jedoch nie darauf reagiert. Milone hätte Franziskus vieles erzählen können. In einer Audienz hätte sich der Papst ein solides und realistisches Bild von den Widerständen und drohenden Verirrungen seitens der vatikanischen Apparate machen können.

Die Affäre Becciu ist ein Schock für den argentinischen Papst, der den Sarden persönlich zum Kardinal ernannt hat. Er lernt aus dieser Lektion. Während der Skandal sich langsam entwirrt, bringt der Pontifex in der Kurie nach und nach eine Reihe von Antikörpern in Stellung. Im Oktober 2019 ernennt er Giuseppe Pignatone, einen italienischen Richter, der sich im Kampf gegen die Mafia und gegen die Korruption hervorgetan hat, zum Präsidenten des vatikanischen Gerichtshofs. Im darauffolgenden Monat holt er den ehemaligen Leiter der italienischen Bankenaufsicht Carmelo Barbagallo an die Spitze der Vatikanischen Finanzinformationsbehörde AIF. Zeitgleich ernennt er den Jesuiten Juan Antonio Guerrero Alves zum Präfekten des Wirtschaftssekretariats. Der Spanier beschreibt die ihm vom

Papst anvertraute Aufgabe so: »zu Transparenz in der Wirtschaft des Heiligen Stuhls beitragen und für einen effizienten Einsatz der Güter und Ressourcen sorgen«, die im Dienst des Evangelisierungsauftrags der Kirche stehen.[78]

So ist 2020 nicht nur das Jahr, in dem sich der Papst auf der öffentlichen Bühne mit der Pandemie auseinandersetzen muss, sondern auch das Jahr seines Feldzugs gegen das Virus der Korruption und des finanziellen Missmanagements im Innern des Vatikans. Aus der AIF wird die ASIF, die »Finanzaufsichts- und Informationsbehörde«: Neben der Geldwäschebekämpfung umfassen ihre Kompetenzen nun auch die aufsichtliche Überprüfung der Transaktionen der Vatikanbank IOR. Ein Kodex für Verträge wird beschlossen, der Anschaffungen zentralisiert und die verschiedenen vatikanischen Verwaltungen zu transparenten Vorgehensweisen und zur Kalkulation der finanziellen Tragbarkeit verpflichtet. Gleichzeitig erlässt Franziskus ein neues Gesetz über die vatikanische Rechtsordnung, mit dem er die personellen Strukturen verstärkt, dem Amt des Staatsanwalts größere Selbstständigkeit verleiht, die Autonomie und Unabhängigkeit der Richter garantiert – auch wenn der römische Pontifex nach wie vor an der Spitze der Hierarchie steht – und die Gerichtspolizei der direkten Verfügungsgewalt der Richter unterstellt. »In Ausübung ihres Amtes« – so heißt es in dem neuen Gesetz – »sind sie [die Staatsanwälte] nur dem Gesetz verpflichtet.«[79]

Es ist die Strategie einer Schildkröte. Steinchen für Steinchen setzt Franziskus das Reformmosaik zusammen und erneuert langsam, aber entschieden, die Methoden des vatikanischen Apparats. Um die Transparenz der Finanzverwaltung zu gewährleisten, erlässt der Papst ein Apostolisches Schreiben, in dem er verfügt, dass alle diejenigen, die eine leitende Funktion ausüben oder ausüben sollen (einschließlich der Kardinäle, die Dikasterien oder religiösen Gremien vorstehen), ein Dokument unterzeichnen müssen, in dem sie nicht nur erklären, dass sie weder im Staat der Vatikanstadt noch im Ausland einer vorsätzlich begangenen Straftat für schuldig befunden, sondern auch, dass sie in einer solchen Angelegenheit nicht begnadigt oder amnestiert worden sind oder von einem Straferlass oder einer Verjährung profitiert haben.

Auch ein laufender Prozess oder die bloße Eröffnung eines Ermittlungsverfahrens kann die Ernennung verhindern. Die Betreffenden müssen erklären, dass sie, soweit ihnen bekannt, »nicht Gegenstand eines anhängigen Straf- oder Ermittlungsverfahrens wegen Beteiligung an einer kriminellen Vereinigung, Korruption, Betrug, Terrorismus, Geldwäsche, Ausbeutung von Minderjährigen, Handel oder Ausbeutung von Menschen, Steuerhinterziehung oder -umgehung sind«[80].

In einem Umfeld, in dem seit Jahrtausenden eine Kultur der Gefälligkeiten herrscht, sollen Kardinäle und Leiter kurialer Behörden in Zukunft keine Geschenke mehr entgegennehmen dürfen, deren Wert 40 Euro übersteigt. Vor allem aber sind die leitenden Funktionäre des Vatikans laut der neuen Antikorruptionsgesetzgebung dazu verpflichtet, zu verneinen, dass sie – auch nicht über Mittelspersonen – Konten, Investitionen oder Anteile an Firmen und Unternehmen in Ländern halten, die auf der schwarzen Liste der Geldwäsche-Staaten aufgeführt werden. Und schließlich müssen sie versichern, dass »alle beweglichen und unbeweglichen Vermögenswerte, die ihnen gehören oder von ihnen gehalten werden«, einschließlich sämtlicher von ihnen angenommener Vergütungen aus legalen Aktivitäten stammen. Das Wirtschaftssekretariat ist befugt, den Wahrheitsgehalt dieser Erklärung zu prüfen.

Zwischen den Feiern auf dem dramatisch leeren Petersplatz und den Initiativen, die die Erneuerung von Wirtschaft und Gesellschaft nach der Pandemie ankurbeln sollen, trifft Franziskus eine Entscheidung, die das vatikanische Finanzsystem revolutioniert. Sämtliche Gelder, die den verschiedenen vatikanischen Verwaltungen zur Verfügung stehen, einschließlich der Rücklagen des Staatssekretariats, fallen ab sofort in die Zuständigkeit einer einzigen Zentrale: der APSA, der Güterverwaltung des Apostolischen Stuhls.

Die APSA, die von Franziskus' engem Vertrauten, dem früheren Sekretär der italienischen Bischofskonferenz Bischof Nunzio Galantino, geleitet wird, soll die Gelder verwalten. Für die Kontrolle ihrer Verwendung wird hingegen das Wirtschaftssekretariat zuständig sein. Doch die APSA wird noch weiterreichende Kompetenzen erhalten. Sie wird die einzige Kurienbehörde sein, die sowohl die beweglichen als auch die unbeweglichen Wirtschaftsgüter des Heiligen Stuhls managt und verwaltet. Das Ziel, erklärt Galantino, besteht darin, »klare, kontrollierbare und kontrollierte [...] administrative Verfahren festzulegen, weil die Gläubigen ein Recht darauf haben, zu erfahren, wie mit den uns anvertrauten Ressourcen umgegangen wird«[81]. Um die politischen von den wirtschaftlichen Funktionen zu trennen, entscheidet der Pontifex außerdem, dass der Staatssekretär nicht in der Aufsichtskommission des IOR sitzen wird.

Letztendlich wird damit paradoxerweise die Linie einer zentralisierten Kontrolle bestätigt, von der Kardinal Pell – der »Ranger«, wie Franziskus ihn nannte – immer geträumt hat. In Sidney bemerkt der 80-jährige Kardinal nach Beccius Entlassung: »Der Heilige Vater ist gewählt worden, um in den vatikanischen Finanzen aufzuräumen. Er spielt eine lange Partie, und wir haben Grund, ihm zu danken und zu gratulieren. [...] Ich hoffe, dass die Säuberung der Ställe weitergeht.«

Ein weiterer päpstlicher Erlass legt fest, dass Kardinäle ab sofort nicht mehr das Privileg eines Verfahrens vor dem Kassationsgericht haben sollen, sondern wie alle anderen vor dem Tribunal des Vatikanstaats erscheinen müssen. Das Zeitalter der kirchlichen Fürsten ist Vergangenheit.

»Ist die treibende Kraft des Pontifikats noch aktiv?«, fragt Anfang September 2020 der Jesuit Antonio Spadaro, Chefredakteur der Zeitschrift *Civiltà Cattolica*.[82] Der enge Mitarbeiter von Papst Franziskus ist sich der Verwirrung bewusst, mit der weite Teile der öffentlichen Meinung darauf reagiert haben, dass sich der emeritierte Papst Ratzinger öffentlich auf die Seite der konservativeren Kardinäle geschlagen hatte, um die innovativsten Ergebnisse der Amazonien-Synode zu blockieren: die Möglichkeit, verheiratete Diakone zu Priestern zu weihen, und die Option, für Frauen, die Gemeinden leiten, ein eigenes kirchliches Amt vorzusehen. Man dürfe nicht denken, betont Spadaro, dass der Papst für seine institutionellen Reformen einen Fahrplan festlege und alles auf funktionalistische Weise durchorganisiere und plane. Es gebe keinen abstrakten Reformplan, der nur noch auf die Wirklichkeit angewandt werden müsse, weil – so Spadaro – die Reform in erster Linie ein Prozess sei, bei dem das spirituelle, das pastorale und das strukturelle Umdenken Hand in Hand gingen.

Auch wenn der Artikel des Jesuitenpaters in der Absicht geschrieben ist, das Bergoglio-Pontifikat vor einer Welle der Enttäuschung zu bewahren, wirft er doch ein interessantes Licht auf Franziskus' Mentalität, Taktik und Strategie.

Franziskus ist ein politischer Kopf – das haben schon seine Mitarbeiter in der Diözese Buenos Aires über ihn gesagt – und durchaus imstande, bei der Umsetzung seiner Ziele einen Zickzackkurs zu verfolgen. Franziskus, erläutert der Chefredakteur der Jesuitenzeitschrift, schafft in der Kirche die strukturellen Voraussetzungen für einen echten und offenen Dialog. »Eines der grundlegenden Prinzipien der bergoglioschen Sichtweise [besteht darin, dass] die Zeit dem Raum übergeordnet ist. Reformieren heißt offene Prozesse anzubahnen [...]. Der Weg erschließt sich unterwegs.«[83] In der Predigt am Pfingstsonntag 2020 verdichtet der Papst diese seine Vorstellung in einem Bild: »Und so machen sich die Apostel unvorbereitet auf den Weg, sie setzen einiges aufs Spiel, sie gehen hinaus.«

Bei dieser Strategie, die auf der Einleitung oder Begleitung historischer Prozesse beruht, spielt die Fähigkeit zu öffentlicher Selbstkritik eine wichtige Rolle. Spadaro zitiert den Brief an die chilenische Kirche, in dem Franziskus mit Blick auf das Missbrauchsnetzwerk hochgestellter ortskirchlicher Würdenträger offiziell erklärt: »Was mich betrifft, so bekenne ich [...], dass ich schwerwiegende Fehler gemacht habe in der Bewertung und Wahrnehmung der Situation, besonders aus Mangel an wahrhaftiger und ausgewogener Information. Bereits jetzt bitte ich alle um Vergebung, die ich verletzt habe.«[84]

An der Herangehensweise von Papst Bergoglio ist noch ein zweiter Aspekt bemerkenswert. Seine Reformziele, schreibt Spadaro, lassen sich mit einer winzigen Geste oder einem kleinen Schritt verwirklichen: einer Homilie in der *Domus Sanctae Marthae*, einer Fußnote zu einem Dokument, einer Begegnung mit einer bestimmten Person.

Der Herbst des Jahres 2020 ist auch der Herbst seines Pontifikats. Franziskus erreicht sein 85. Lebensjahr, das achte seiner Amtszeit. Nach dem Konsistorium im November sind die Kardinäle, die beim nächsten Konklave wahlberechtigt sein werden, mehrheitlich von Bergoglio ernannt.

In dieser Jahreszeit setzt er im Zuge seiner Strategie der kleinen Schritte viele Mosaiksteinchen an den richtigen Platz. Gott und die Kirche lieben die Homosexuellen, weil sie alle Kinder Gottes sind, erklärt er in Rom gegenüber einer Vertreterin der Organisation »*Tenda di Gionata*« (Jonathans Zelt), die Eltern von schwulen und lesbischen Kindern zusammenbringt. »Homosexuelle haben ein Recht darauf, in einer Familie zu sein [...]. Sie haben ein Recht auf eine Familie«, erklärt er in einem Dokumentarfilm des russischen Filmemachers Jewgeni Afinejewski und fügt hinzu, dass er die zivilen Partnerschaften schon immer befürwortet habe.[85] Wenige Worte, mit denen er die kurz nach seiner Wahl eingeleitete Wende zum Abschluss bringt und die jahrhundertealte homophobe Lehre der Kirche endgültig begräbt.

Damit ist die unter Ratzinger und Wojtyła verfochtene Unterscheidung vom Tisch, wonach die homosexuelle Person zu respektieren, das Ausleben ihrer Sexualität aber »ein sittlich betrachtet schlechtes Verhalten« sei, weil ihre »Neigung selbst als objektiv ungeordnet angesehen werden« müsse.[86]

Doch im Februar 2021 veröffentlicht die Kongregation für die Glaubenslehre ein Dokument, das angesichts der päpstlichen Strategie, die Dimension der Homosexualität voll und ganz in die Kirche zu integrieren, wie eine kalte Dusche wirkt. Technisch gesprochen handelt es sich um ein *Responsum*, eine lehramtliche Antwort auf eine bestimmte Frage. Die Frage lautet: »Hat die Kirche die Vollmacht, Verbindungen von Personen gleichen Geschlechts zu segnen?« Auf dieses *Dubium*, so das Dokument, »wird geantwortet: Nein.« Der Text ist von Kardinal Luis Ladaria unterzeichnet, den Papst Bergoglio persönlich als Nachfolger von Kardinal Müller ausgewählt hatte. Schwarz auf weiß steht da, dass es nicht zulässig sei, homosexuellen Partnerschaften, auch wenn sie stabil sind, einen Segen zu erteilen, weil solche Verbindungen »eine sexuelle Praxis außerhalb [...] einer unauflöslichen Verbindung eines Mannes und einer Frau [einschließen], die an sich für die Lebensweitergabe offen ist«; und weil sich zwischen solchen Lebensgemeinschaften und dem »Plan Gottes über Ehe und Familie« nicht einmal im weiteren Sinne eine Analogie herstellen lasse.

Es handele sich nicht um eine ungerechte Diskriminierung, versucht das Dokument zu erklären: Man müsse homosexuelle Menschen »mit Respekt und Takt« aufnehmen, aber die Segnung eines Homopaares sei nicht erlaubt.[87] Johan Bonny, der Bischof von Antwerpen, findet harte Worte: Er bringt öffentlich seine »Scham und [sein] moralisches wie intellektuelles Unverständnis« über diesen Schritt der Glaubenskongregation zum Ausdruck und bittet die homosexuellen Paare um Vergebung. In Deutschland gibt es schon seit geraumer Zeit hochrangige Kirchenmänner wie Kardinal Marx, den Bischof von Osnabrück Franz-Josef Bode, den Bischof von Dresden-Meißen Heinrich Timmerevers und sogar den Vorsitzenden der Bischofskonferenz Georg Bätzing, die der Segnung wohlwollend gegenüberstehen. Bätzing distanziert sich diplomatisch von dem Dokument und sagt, dass es auf diese Frage keine »einfachen Antworten« gebe und man auf dem synodalen Weg darüber diskutieren wolle. Auf der anderen Seite erklären Bischöfe wie Rudolf Voderholzer von Regensburg, sie seien dankbar für den vom Papst approbierten Text aus Rom. Denn in der Tat hat Franziskus die Veröffentlichung des *Responsums* gutgeheißen, ebenso stützt sich dieses Schreiben auf Passagen aus *Amoris laetitia*, worin der Papst selbst entfernte Ähnlichkeiten zwischen einer Ehe zwischen Mann und Frau und homosexuellen Beziehungen verneint (AL 251).

Die Angelegenheit zeigt wieder einmal, in welcher Zwickmühle sich Franziskus befindet. Er ist der erste Papst, der einen spanischen Transgender mit seiner Verlobten im Vatikan empfangen hat, er eröffnet Perspektiven einer veränderten Mentalität und Praxis und läuft doch gleichzeitig gegen die harten Wände der Regeln aus vergangenen Zeiten, die die Mehrheit der Bischöfe weltweit als unabänderliche Gesetze empfinden. Die Familiensynoden haben gezeigt, woher der Gegenwind weht. Es stimmt nicht, dass ein Papst allmächtig ist. Er ist es nur dann, wenn er eine konservative Linie verfolgt. Er ist es nicht, wenn er ein Neuerer ist, denn Reformen – das beweisen die hitzigen Diskussionen und Abstimmungen des II. Vatikanischen Konzils – brauchen solide und breite Mehrheiten.

Der Aufbruch aus einer rigoristischen Vergangenheit, den Franziskus mit seinem postsynodalen Schreiben *Amoris laetitia* vollzogen hat, als er dem Kommunionempfang der wiederverheirateten Geschiedenen den Weg ebnete, lässt sich im Fall der Segnung homosexueller Partnerschaften anscheinend nicht wiederholen. Doch römischen Kirchenkreisen entgeht es nicht, dass die italienische Bischofszeitung *Avvenire* berichtet, der Mainzer Bischof Peter Kohlgraf habe ein Buch mit Segensfeiern und Riten für homosexuelle Paare befürwortet. Am Ende, so die Hoffnung der reformfreudigen Prälaten im Vatikan, wird sich die Linie durchsetzen, die Franziskus mit seinen Gesten vertritt, während das Dokument der Kongregation für die Glaubenslehre – genau wie die (im Jahr 2000 vom damaligen Kardinal

Joseph Ratzinger verfassten) Erklärung *Dominus Ie-*
sus, die den Vorrang der katholischen vor den anderen
christlichen Kirchen hatte festschreiben wollen – in Vergessenheit geraten wird.

Noch auf einem anderen Gebiet vollzieht sich im Jahr
der Pandemie eine stillschweigende Kehrtwende. Sie betrifft ranghohe Vertreter der kirchlichen Hierarchie und
vatikanischen Diplomatie, die sich wegen mutmaßli-
chen Missbrauchs oder Fehlverhaltens vor Gericht verantworten sollen. Kardinal Pell wird nach seiner Vor-
ladung von Franziskus beurlaubt und zur Verhandlung
nach Australien geschickt. Das ist das genaue Gegenteil von dem, was im Fall des US-amerikanischen Kardinals Bernard Francis Law geschehen war, als dieser
nach den aufsehenerregenden Enthüllungen des *Boston
Globe* Gefahr lief, sich vor Gericht für die wiederholte
Vertuschung von Missbrauchsvergehen verantworten zu
müssen, die von Mitgliedern seines Diözesanklerus begangen worden waren: Johannes Paul II. berief ihn nach
Rom und vertraute ihm die Basilika Santa Maria Maggiore an, um ihn dem Zugriff der weltlichen Justiz zu
entziehen.

Auch im Fall des in Frankreich wegen sexueller Belästi-
gung angeklagten Nuntius Luigi Ventura entschloss sich
der Papst, die diplomatische Immunität des Kirchen-
manns aufzuheben. Ventura wurde am 16. Dezember
2020 vom Pariser Strafgerichtshof zu acht Monaten auf

Bewährung verurteilt, weil man ihn für schuldig befunden hatte, vier Personen männlichen Geschlechts sexuell belästigt und unsittlich berührt zu haben. Der ehemalige Nuntius verzichtete auf ein Berufungsverfahren.

Unterdessen wurde in der Diözese Köln ein dramatischer Bericht über sexuellen Missbrauch veröffentlicht, der den Umgang der kirchlichen Oberen mit 314 Opfern zwischen 1975 und 2018 aufdeckt. Weihbischof Ansgar Puff wurde suspendiert, Weihbischof Dominikus Schwaderlapp reichte seinen Rücktritt ein und der Hamburger Bischof und frühere Kölner Generalvikar Stefan Heße hat dem Papst seinen Amtsverzicht angeboten. Im Vatikan hat man mit dem Studium der Akten begonnen. Praktisch zeitgleich hat Franziskus den argentinischen Bischof Marcelo Alejandro Cuenca Revuelta, der einen des Missbrauchs schuldigen Priester gedeckt hatte, endgültig seines Amtes enthoben.

Auch in der Affäre Becciu macht sich die neue Transparenzstrategie bemerkbar. Anders als in der Vergangenheit wird ein Finanzskandal im Vatikan nicht durch böswillige Informanten oder durch Presseenthüllungen ans Licht gebracht: Es sind die eigens zu diesem Zweck geschaffenen Kontrollmechanismen – einige gehen auf Benedikt XVI., andere (wie der Generalrevisor) auf den argentinischen Papst zurück –, die die Missstände aufdecken. »Es ist das erste Mal im Vatikan, dass die Sache von innen aufgedeckt wurde, nicht von außen.«[88]

Es machte Eindruck auf die öffentliche Meinung, dass ein Mitglied der Regierung des Heiligen Stuhls wie Kardinal Becciu seinen Rücktritt einreichen musste, weil der Papst und die Gemeinschaft der Glaubenden, die der Kirche ihr Geld spenden, ihm nicht mehr vertrauten. Und auch die schonungslose Offenlegung des wirtschaftlichen Desasters wurde positiv beurteilt.

Um den Unterschied zu verstehen, muss man sich nur an die Mauertaktik erinnern, die der Vatikan unter Johannes Paul II. im Zusammenhang mit dem Banco-Ambrosiano-Skandal (der in der Auffindung der Leiche des unter ungeklärten Umständen unter der Blackfriars Bridge in London erhängten Roberto Calvi gipfelte) und den kompromittierenden *Bürgschaftsbriefen* verfolgte, die dem bankrotten Bankier von Erzbischof Marcinkus ausgestellt worden waren. Damals hielt man sich im Vatikan bedeckt und beschränkte sich darauf, den internationalen Gläubigern einen »freiwilligen Beitrag« von 250 Millionen Dollar zu zahlen. Erst 2017 machte Kardinal Pell, der damalige Präfekt des Wirtschaftssekretariats, Schluss mit der offiziellen Heuchelei und enthüllte, dass sich die Summe der unter der Hand vom Vatikan gezahlten Gelder mittlerweile auf 406 Millionen Dollar belief.

Teil dieser Säuberungsaktion ist auch das Urteil, das das Vatikangericht in erster Instanz gegen den ehemaligen Präsidenten der Vatikanbank (IOR) Angelo

Caloia verhängt hat, weil dieser 29 Immobilien des IOR und einer von der Vatikanbank kontrollierten Gesellschaft veräußert hatte. Der inzwischen 81-jährige Caloia soll, so die Anklage, die Immobilien deutlich unter Marktwert verkauft, den Differenzbetrag von rund 59 Millionen Euro in die eigene Tasche gesteckt und das Geld teilweise in der Schweiz gewaschen haben. Caloia wurde zu acht Jahren und elf Monaten Freiheitsstrafe verurteilt; von seinen Konten wurden 38 Millionen Euro konfisziert. Außerdem muss er (gemeinsam mit dem Anwalt Gabriele Liuzzo) der Vatikanbank und einer von ihr kontrollierten Gesellschaft 20 Millionen Euro Schadenersatz zahlen.[89] Ein in der Geschichte des Staats der Vatikanstadt noch nie dagewesener Vorfall.

Franziskus ist der einzige Papst der neueren Geschichte, der drei Purpurträger aus dem Kardinalskollegium ausgeschlossen hat. Den ehemaligen Primas von Schottland Keith Patrick O'Brien wegen Machtmissbrauchs im Zusammenhang mit sexuellen Beziehungen zu Seminaristen. Den italienischen Kardinal Giovanni Angelo Becciu wegen fahrlässiger Verwendung von Kirchengeldern. Und den US-amerikanischen Kardinal Theodore McCarrick wegen Missbrauchs von Minderjährigen. Bei ihnen allen hat der Purpur die Schuld nicht zugedeckt. Es sind Präzedenzfälle, die nicht rückgängig gemacht werden können – ganz gleich, wer Bergoglio auf den Stuhl Petri nachfolgt.

Die McCarrick-Affäre war lange Zeit ein Stachel im Fleisch des Papstes. Seit der ehemalige Nuntius in den Vereinigten Staaten Carlo Maria Viganò den Pontifex am 26. August 2018 öffentlich beschuldigt hatte, er habe nicht gegen Kardinal McCarrick vorgehen wollen (der als Bischof und Kardinal ständige sexuelle Beziehungen zu erwachsenen Seminaristen unterhalten und, wie man später erfuhr, auch Missbrauch an Minderjährigen begangen hatte), sondern ihn gedeckt und Homo-Seilschaften im Vatikan toleriert. Viganòs von ultrakonservativen Gruppen und Webseiten energisch unterstützte Kampagne hatte ein klares Motto ausgegeben: »Papst Franziskus muss zurücktreten«.

Der Pontifex bewahrte einen kühlen Kopf. Während McCarrick vor ein kirchliches Gericht gestellt und laisiert wurde, legte das Staatssekretariat eine umfangreiche, 447 Seiten starke Akte an, die am 10. November 2020 veröffentlicht wurde.[90] Das Dossier deckt den systematischen Protektionismus auf, der die Voraussetzungen dafür geschaffen hatte, dass ein skrupelloser Straftäter, der Erwachsene verführte und Minderjährige missbrauchte, in der US-amerikanischen Kirchenhierarchie derart hoch aufsteigen konnte. Im konkreten Fall wurde schonungslos offengelegt, dass sowohl das Wojtyła- als auch das Ratzinger-Pontifikat – die die Franziskusgegner so gerne als Bollwerke der »wahren Lehre« ins Feld führen – tragischerweise versucht haben, die Angelegenheit totzuschweigen und im Sande verlaufen zu lassen.

Die Umgebung von Johannes Paul II., so viel ist inzwischen erwiesen, hat sich hartnäckig geweigert, den Hinweisen auf McCarricks Verhalten nachzugehen, und so ein Klima der *Omertà* begünstigt. Ratzinger seinerseits, der doch alle Möglichkeiten gehabt hätte, gründliche Nachforschungen über den amerikanischen Purpurträger auf den Weg zu bringen, verließ sich lieber darauf, dass die Sache in Vergessenheit geraten würde.

So hat sich der Fehdehandschuh, den Ex-Nuntius Viganò Franziskus entgegenwarf, in eine Niederlage verwandelt. Und diese Niederlage reißt die Glaubwürdigkeit eines großen Teils der Anti-Bergoglio-Partei mit sich. Zumal einige ihrer prominentesten Vertreter – Kardinal Müller und ein weiteres Mal Viganò – sich mit dem lächerlichen Manifest über die Freiheit der Kirche, die unter dem Deckmantel der Corona-Schutzmaßnahmen von einer globalen Verschwörung bedroht sei, selbst disqualifiziert haben.

Auf diese Weise ist das Jahr der großen Pest zu dem Jahr geworden, in dem Franziskus seine Resilienz unter Beweis gestellt hat. Man hat ihn gefragt, ob er Angst vor dem Tod habe. »Nein, überhaupt nicht«, hat er geantwortet. Wie er sich seinen Tod vorstelle? »Als Papst, entweder im Amt oder emeritiert. Und in Rom. Ich gehe nicht zurück nach Argentinien.«[91]

Der Pontifex vom Ende der Welt ist zäh. Sein Einsatz für die Erneuerung der Kirche ist eng verwoben mit seinem Aufruf zum Wiederaufbau der Gesellschaft nach der Pandemie.

Auferstehung
und Erneuerung

Die großen Krisen des neuen Jahrhunderts sind Papst Bergoglio noch lebhaft im Gedächtnis. Der al-Qaida-Anschlag auf die Zwillingstürme am 11. September 2001, der die Welt erschütterte. Der Zusammenbruch der argentinischen Wirtschaft im selben Jahr. Der finanzielle Bankrott der Wall Street 2008 mit seinen verheerenden Auswirkungen auf das globale Wirtschaftsgleichgewicht. Und die amerikanische Wirtschaftskrise von 1929, die auch in Buenos Aires zu spüren war, ist Teil seiner eigenen Familiengeschichte. Sein Vater und dessen Eltern waren gerade erst dort angekommen, »voller Illusionen …, und erlebten die furchtbare Krise von 1930. Sie haben alles verloren. Es gab keine Arbeit … Ich war noch nicht auf der Welt, aber ich habe dieses Leid bei uns zu Hause wahrgenommen.«[92]

Wenn Franziskus die Frauen und Männer des 21. Jahrhunderts ermutigt, sich von der Pest des Coronavirus nicht unterkriegen zu lassen, will er keinen oberflächlichen Optimismus verbreiten, im Gegenteil: Der Papst ruft jeden und jede dazu auf, Verantwortung zu übernehmen und gegenüber der Situation im eigenen Land und im Verhältnis zu den anderen Völkern der Welt Position zu beziehen.

Dabei gibt es durchaus Gründe zu einem berechtigten Pessimismus. Es ist vorstellbar, dass die Großzügigen im Angesicht der Katastrophe noch großzügiger und die Egoisten noch egoistischer werden. »Ich habe nicht den Eindruck, dass uns ein Sturmwind der Solidarität erfasst hätte«, unkt ein Kurienvertreter mit zahlreichen internationalen Kontakten. Michel Houellebecq, der französische Schriftsteller und Essayist, ist davon überzeugt, dass sich rein gar nichts ändern wird. Die Menschen werden einsam sterben, wie es in den vergangenen Jahrzehnten üblich geworden ist, die zwischenmenschlichen Beziehungen werden zunehmend entmaterialisiert, und gleichzeitig hat die Pandemie, was das Schicksal der alten Menschen angeht, eine beunruhigende Tendenz bestätigt: »Nie zuvor haben wir so dreist und ungerührt darüber gesprochen, dass nicht jedes Leben gleich viel zählt; dass es ab einem gewissen Alter (70, 75, 80 Jahren) ein bisschen so ist, als sei man schon tot.«[93]

Auch Franziskus ist davon überzeugt, dass man sich keine Illusionen machen darf: Es wird nicht automatisch »alles gut werden«. Deshalb hat er zu einem Zeitpunkt, als die erste tödliche Phase des Virus vorüber schien, klipp und klar gesagt, dass man »aus einer Krise wie dieser nicht mehr so herausgeht, wie man vorher war: Man geht entweder besser oder schlechter daraus hervor«.[94] Franziskus weiß, dass die nötige Wende hin zu einer inklusiveren Gesellschaft sich nicht von allein vollziehen und erst recht nicht von der unsichtbaren Hand des Marktes herbeigeführt werden wird.

Im Vatikan ist man sich der möglichen Negativszenarien voll und ganz bewusst, die aus der Illusion erwachsen (oder aus der Entschlossenheit starker Wirtschafts- und Finanzgruppen, genau diesen Anschein zu erwecken), die Pandemie sei nur eine kleine Panne. Als ob es lediglich darum ginge, das System wieder hochzufahren und – ohne Rücksicht auf die menschlichen Verluste – die großen Veränderungen in Angriff zu nehmen, die der Wirtschaft bevorstehen. Deshalb mahnt Franziskus, nicht passiv zu bleiben. »Diese Zeit erlaubt keine Gleichgültigkeit, denn die ganze Welt leidet und muss sich bei der Bekämpfung der Pandemie zusammenschließen«, erklärte er im ersten Jahr der Pandemie in seiner Osterbotschaft. »Diese Zeit erlaubt keinen Egoismus, denn die Herausforderung, vor der wir stehen, ist uns allen gemeinsam und macht keine Unterschiede. [...] Diese Zeit erlaubt keine Spaltungen. [...] Diese Zeit erlaubt kein Vergessen.«[95]

Ein Wort kehrt in den päpstlichen Äußerungen häufig wieder: Zerbrechlichkeit. »Wir alle sind verwundbar, zerbrechlich, schwach und bedürfen der Heilung«[96], ruft er seinen Zuhörern gerne ins Gedächtnis. »In der Prüfung, die wir durchmachen, haben wir erkannt, dass wir zerbrechlich sind. Wir brauchen den Herrn ...«, twitterte er während des Lockdowns. Christ zu sein, heißt, sich der Zerbrechlichkeit des anderen anzunehmen, Hilfe zu leisten wie der barmherzige Samariter. Wer Gott um Hilfe bittet, kann nicht die Augen verschließen und seinem Mitmenschen genau diese Hilfe verweigern. Schon in der Enzyklika Benedikts XVI. *Deus caritas est* (Gott ist Liebe), die angesichts der grassierenden religiösen und wirtschaftlichen Fundamentalismen des beginnenden dritten Jahrtausends an die Kernaussage des Christentums hatte erinnern wollen, war dies ein zentraler Punkt gewesen. Bergoglio greift diesen wesentlichen Aspekt wieder auf. Christ zu sein, heißt, stehen zu bleiben und Beistand zu leisten. Das ist das exakte Gegenteil der Ellbogenmentalität Einzelner oder ganzer Gruppen, die um jeden Preis immer nur vorankommen wollen. Und das Gegenteil einer Mentalität, die dem anderen psychologische oder politische Mauern in den Weg stellt oder ihn sogar als Bedrohung wahrnimmt.

Schon sehr früh, noch während sich die erste COVID-19-Welle unaufhaltsam aufbaute, machte sich Franziskus Gedanken über die Zeit danach. Bereits am 20. März richtete er im vatikanischen Dikasterium für die ganzheitliche Entwicklung des Menschen eine Studienkommission ein, die die »sozioökonomischen und kulturellen Herausforderungen der Zukunft« analysieren und »Richtlinien zu deren Bewältigung« vorschlagen sollte. Zur gleichen Zeit rief er ein Jahr des besonderen Nachdenkens über seine grüne Enzyklika *Laudato si'* aus. Die

Kommission, so ein Kommuniqué, soll »angesichts der Pandemie« ein Zeichen der »Fürsorge und Liebe der Kirche zur gesamten Menschheit« sein.

Es ist ein ambitionierter Plan: Die Kirche soll sich entlang der Linie, die Bergoglio mit seinem Pontifikat vorgegeben hat, in die globale Debatte über die Perspektiven der Menschheit im 21. Jahrhundert einbringen. Der argentinische Papst will als Bischof von Rom zu seinen Zeitgenossen sprechen: Glaubenden wie Nichtglaubenden. Nicht von ungefähr ist *Laudato si'* all jenen gewidmet, die sich um das gemeinsame Haus – den Planeten Erde – sorgen.

Hinsehen, zuhören, teilen, zusammenarbeiten, aufbauen, das sind einige der Begriffe, die Franziskus am häufigsten verwendet. Sie haben etwas Konkretes. Sie implizieren den Blick auf die reale Situation dessen, der wie im Gleichnis den Verwundeten aufhebt, Teil seiner Geschichte wird, sich für seine Wiederherstellung einsetzt – und für die Wiederherstellung einer Geschichte, in der der Mensch dem anderen nicht als Wolf begegnet.

Während der Schriftsteller Alessandro Baricco die Erfahrung der Pandemie und des Lockdowns mit der Situation eines Menschen vergleicht, der »in einen Brunnen gefallen ist und vor lauter Dunkelheit nicht einmal erkennen kann, dass es ein Brunnen ist«[97], ruft Bergoglio dazu auf, sich im Inneren des Brunnens genau umzusehen: den

Boden, die Wände, das stehende Wasser, und sich sodann zu fragen, wer diesen Brunnen wohl gebaut und wen es nicht gekümmert hat, ob jemand hineinfällt. Narzissmus, Selbstmitleid und Pessimismus – hat er an Pfingsten 2020 erklärt – sind die Haltungen, die es zu bekämpfen gilt. Die erste dieser drei Sünden ist in seinen Augen die schwerste: Sie hindert Menschen daran, aus sich herauszugehen oder die Nische zu verlassen, in der sich jeder, wenn er Teil einer Institution (einschließlich der Kirche) ist, nur allzu gerne häuslich einrichtet.

Diejenigen, die nur an die Nachteile denken, die CO-VID-19 für ihre eigene Situation mit sich bringt, erinnert Franziskus daran, dass es »noch viele andere Pandemien [gibt], an denen Menschen sterben, und wir merken es nicht, wenden unseren Blick ab«. Es sei unmöglich, sich nicht bewusst zu machen, welche Tragödien in diesem Augenblick in der Welt geschehen, erklärt er bei der Messfeier in Santa Marta. Noch andere Viren suchen die Welt unablässig heim: die Pandemien des Hungers, des Krieges, der Kinder ohne Schulbildung. 3,7 Millionen Menschen, betont er, sind in den ersten vier Monaten des Jahres 2020 an Hunger gestorben.[98]

Bei einem Treffen Ende Juni 2020 mit dem Vorsitzenden der deutschen Bischofskonferenz Georg Bätzing legte der argentinische Papst ein besonderes Interesse für die politische Situation in Deutschland an den Tag. Die Begleiter des Limburger Bischofs wunderten sich darüber, dass der Pontifex so gut informiert war und sich so eingehend nach den Aktivitäten der *Alternative für Deutschland* erkundigte: der fremdenfeindlichen und souveränistischen rechtsextremen Partei, die 2017 als drittstärkste Kraft mit über zwölf Prozent der Stimmen in den Berliner Bundestag eingezogen war. »Der Papst ist sehr besorgt über die Situation in Europa«, so der Kommentar des Vorsitzenden der deutschen Bischöfe. Franziskus, so fügte er hinzu, sei beunruhigt angesichts der nationalistischen und extremistischen Tendenzen und einer möglichen Spaltung der Gesellschaft infolge der bevorstehenden wirtschaftlichen Schwierigkeiten.

Diese Frage betrifft nicht nur Deutschland oder Europa, sondern die ganze Welt. Zu Beginn des dritten Jahrzehnts des 21. Jahrhunderts und in Erwartung des wirtschaftlichen Erdbebens, das die Pandemie unweigerlich auslösen wird, fürchtet Bergoglio die explosive Mischung aus Arbeitslosigkeit, Ausgrenzung, Wut und Gewalt, die verschiedene Länder erschüttern könnte. Der soziale Bankrott und die Angst, auf der Strecke zu bleiben, glaubt der Pontifex, seien Faktoren, die die Massen veranlassen könnten, sich nach einem Heilsbringer umzusehen.

Es besteht die Gefahr, dass die Zahl der von souveränistischen und fremdenfeindlichen Regierungen geführten Länder weltweit zunimmt – Regierungen, die in einigen Regionen eng mit klerikalistischen Kräften zusammenarbeiten. In Wirklichkeit, davon ist Franziskus überzeugt, unterdrückt der Populismus die Armen und instrumentalisiert den Glauben, während er gleichzeitig – ein Persönlichkeitskult im wahrsten Sinne des Wortes – einem »Führer« huldigt. Der Populismus bringe Leader hervor, die sich als »Hohepriester« gerieren, hat er einmal gesagt. Die Gefahr eines Abdriftens zulasten der Demokratie ist eine Sorge, die er mit der deutschen Kanzlerin teilt: Angela Merkel fürchtet die soziale Sprengkraft unkontrolliert wachsender Arbeitslosenzahlen. Der Vandalismus einiger Gruppen, die 2019 in Frankreich an den Demonstrationen der Gelbwesten teilgenommen haben, und die Gewalttaten und Plünderungen, zu denen es im Mai und Juni 2020 im Gefolge der großen, friedlichen Anti-Rassismus-Kundgebungen in den Vereinigten Staaten gekommen ist, sind alarmierende Anzeichen.

»Ich bitte euch, die Armen, die Hungernden, die Alten und die Migranten nicht fallen zu lassen. Ihr müsst immer an sie denken!«, hat der Papst auch zu Bischof Bätzing gesagt. Ein Anliegen, das er vielen Bischöfen und Kirchenverantwortlichen wieder und wieder ins Gedächtnis ruft. »Die Armen sind in dieser sogenannten Phase der Erholung Franziskus' beständige Sorge, denn die Art, wie man an diese Frage herangeht, zeigt, was das für eine Gesellschaft ist, die man nach der Pandemie wiederaufbauen will«, erklärt Bischof Marcelo Sánchez Sorondo, Kanzler der Päpstlichen Akademie der Wissenschaften.

Wenn er dazu aufruft, die Schwächeren nicht im Stich zu lassen, erinnert Franziskus mit Nachdruck daran, dass sie »die Städte und Peripherien in allen Teilen der Welt bevölkern«. Um deutlich zu machen, dass keine einzige Region auf dem Planeten immun ist gegen Plagen.

Fabrizio Barca, Ökonom, ehemaliger Minister der Regierung Monti und früherer Präsident des OECD-Ausschusses für Territorialpolitik, weist darauf hin, dass in Italien, einer der am höchsten entwickelten Volkswirtschaften, »ein Fünftel der erwachsenen Bevölkerung, etwa zehn Millionen, nicht ausreichend Ersparnisse hat, um drei Monate ohne Einkommen zu überbrücken«. Ganz zu schweigen von den sechs bis sieben Millionen Menschen in prekären oder irregulären Arbeitsverhältnissen ohne jede soziale Absicherung.[99] Andere Daten bestätigen, dass schon vor Ausbruch der Pandemie 14 Prozent der Arbeitnehmer in Italien von Armut bedroht waren, während die vom Unternehmertum begünstigte und gewollte Prekarisierung unaufhaltsam voranschreitet: 67 Prozent der Teilzeitbeschäftigten mussten einen Teilzeitjob annehmen, den sie gar nicht haben wollten: doppelt so viel wie im europäischen Durchschnitt.[100] Eine im Juli 2020 veröffentlichte ISTAT-Umfrage ergab, dass 26 Prozent der jungen Generation ihre Zukunftsaussichten für schlechter halten als die ihrer Eltern.

Ein von den Präsidenten der Päpstlichen Akademie der Wissenschaften und der Akademie der Sozialwissenschaften (Joachim von Braun und Stefano Zamagni gemeinsam mit Kanzler Sorondo) unterzeichnetes Dokument umreißt die Vision von Papst Franziskus. Die Verantwortlichen der beiden Akademien, die bedeutende Vertreterinnen und Vertreter der internationalen Wissenschaftsgemeinde – unter ihnen drei Nobelpreisträger – zu ihren Mitgliedern zählen, stellen konkrete Elemente heraus, die jedem, der hinsieht, ins Auge springen. Die Ausbreitung des Virus geht sowohl in den einkommensschwachen als auch in den reichen Nationen zulasten der Armen.

Das als Vorsichtsmaßnahme geforderte *Social Distancing* ist für Menschen, die in privilegierten Verhältnissen leben, durchaus praktikabel. Wie aber soll es unter armen Menschen durchgeführt werden, die in Elendsvierteln oder Flüchtlingslagern zusammengepfercht sind, wo es keine Gesichtsmasken und nicht einmal die Möglichkeit gibt, sich die Hände zu waschen? Auch das digitale Gefälle trifft die Armen, die nicht mehr mit verantwortungsvollen, transparenten und kontinuierlichen Informationen versorgt werden. Und ebenso sind Homeschooling und Homeoffice für einkommensschwache Arbeiterfamilien ohne Zugang zur nötigen IT-Ausstattung nicht zu realisieren.

Schließlich führt die wachsende Ungleichheit zur Zerstörung der (in Entwicklungsländern oft von Frauen geführten) Kleinunternehmen und kleinbäuerlichen Existenzen. Deshalb fordert das Dokument die Vereinten Nationen dazu auf, die Rettung der Kleinunternehmen und Kleinbauern auf ihre Tagesordnung zu setzen. Alle globalen Krisen einschließlich des Klimawandels und der schwindenden Artenvielfalt – betonen die Unterzeichner – erfordern eine weltweite Zusammenarbeit und Antworten, bei denen die Armen nicht auf der Strecke bleiben.

Dank seiner persönlichen Lebenserfahrung als Bürger der Megalopolis Buenos Aires mit ihren extremen gesellschaftlichen Unterschieden hat Bergoglio eine besondere Sensibilität für himmelschreiende Gegensätze entwickelt. Als das Foto von den Obdachlosen in Quarantäne um die Welt ging, die von der Stadt Las Vegas gezwungen wurden, auf einem Parkplatz zu übernachten, rief der Papst aus: »Dabei standen die Hotels leer! Aber die Obdachlosen können nicht ins Hotel. Das ist gelebte Wegwerfkultur.«[101] Eine Kultur, die, wie er es den Römern gegenüber einmal formuliert hat, mit äußerster Anspannung auf die kleinsten Börsenschwankungen achtet und einen toten Obdachlosen, der erfroren im Stadtzentrum liegt, nicht einmal bemerkt.

»Eine gründliche Überprüfung der Weltanschauungen, Lebensstile und kurzfristigen wirtschaftlichen Bewertungen muss unternommen werden«, heißt es in dem Aufruf der päpstlichen Akademiker, den die internationale Fachzeitschrift *Science* unter dem Titel *The Moment to*

See the Poor (Zeit, auf die Armen zu blicken) als Editorial veröffentlicht hat. Das Dokument kommt zu dem Ergebnis, dass das Überleben der Menschheit »eine verantwortungsbewusstere, mehr teilende, gleichberechtigte, fürsorglichere und gerechtere Gesellschaft« erfordert.[102] Derselbe Kurs, den auch Franziskus eingeschlagen hat.

Die Vorstellung von einem »gemeinsamen Haus«, um das man sich gemeinsam im Rahmen multilateraler Projekte kümmern muss, steht in diametralem Gegensatz zum Darwinismus der souveränistischen Politiken. Ein anderer Mitarbeiter des Papstes, Bischof Vincenzo Paglia, Präsident der Akademie für das Leben, hat offen darauf hingewiesen, dass im Kampf gegen die Pandemie ein kollektives Handeln aller Nationen notwendig ist. Demnach, so der Bischof, sollte der Einsatz technischer und klinischer Mittel in das Streben nach dem Gemeinwohl eingebunden werden, um der Tendenz entgegenzuwirken, »Vorteile für die Privilegierten auszuwählen und die Schwächeren aufgrund ihrer Staatsangehörigkeit, ihres Einkommens, aus politischen oder aus Altersgründen auszugrenzen«[103]. Bei der Suche nach einem nicht von Habgier und Maßlosigkeit »kontaminierten« Entwicklungsmodell müsse – so heißt es in einem anderen Dokument der Akademie für das Leben – die globale Solidarität als konkrete Verpflichtung geltend gemacht werden.[104]

Der derzeitige Konflikt zwischen gegensätzlichen Weltanschauungen hatte sich schon in den ersten Monaten des Jahres 2020 angedeutet, als die Trump-Regierung den Versuch unternommen hatte, dem deutschen Unternehmen CureVac die Rechte an der Entwicklung eines Impfstoffs gegen COVID-19 abzukaufen und sich das Vorkaufsrecht an einem Vakzin zu sichern, das möglicherweise von der französischen Firma Sanofi hergestellt werden würde.

Was dies betrifft, stimmen Franziskus' Positionen eher mit der Haltung der Europäischen Union überein, deren Exekutive erklärt hat, dass der Impfstoff gegen das Coronavirus »ein weltweites öffentliches Gut und allgemein zugänglich sein« müsse.

Denselben Standpunkt vertritt auch die Weltgesundheitsorganisation, deren Generaldirektor Tedros Adhanom Ghebreyesus von Anfang an vorgeschlagen hat, dass, wer immer einen Impfstoff entdecken würde, die Produktionslizenz den Generika-Herstellern überlassen solle, damit eine allgemeine Zugänglichkcit gewährleistet sei.

Als Ende 2020 die ersten Impfstoffe auf den Markt kommen, wird die globale Ungleichheit, die Franziskus als das größte aller sozialen Übel anprangert, auf dramatische Weise sichtbar. Bis Ende Januar 2021 waren 40 Millionen Dosen unter den reichsten Ländern aufgeteilt: Die Bürger von nur zehn Staaten der Welt hatten 95 Prozent der Vakzine bekommen. Das genaue Gegenteil von dem, was Franziskus in seiner Weihnachtsbotschaft 2020 als Wunsch und Hoffnung formuliert hatte: dass die Impfstoffe allen zur Verfügung gestellt und sämtliche Formen von Gesundheitsnationalismus unterbunden werden würden. »Wir können auch nicht zulassen, dass das Virus des radikalen Individualismus uns überwältigt und uns gleichgültig gegenüber dem Leiden anderer Brüder und Schwestern macht«, erklärte er und erinnerte daran, dass das Markt- und das Patentrecht nicht über den gesundheitlichen Bedürfnissen der Menschheit stehen dürfe.

Aus ebendiesem Grund hat die eigens eingerichtete vatikanische COVID-19-Kommission internationale Kooperationsverträge zwischen Staaten, Pharmafirmen und entsprechend engagierten Organisationen gefordert, die für eine Preisbindung sorgen sollen und dafür, dass die Vakzine in den jeweiligen Weltregionen vor Ort produziert werden können. Darüber hinaus sei es ratsam, ein globales Verteilungsprogramm zu erarbeiten und von einer internationalen Organisation mit präzisem Auftrag umsetzen zu lassen.[105]

Diese Initiativen, die der argentinische Papst auf den Weg gebracht hat, lassen seine Tendenz erkennen, den vatikanischen Apparat neu am »Gesetz des barmherzigen Samariters« auszurichten, wie ein Kurienbischof es formuliert. Auch die Kongregation für die Glaubenslehre und die Päpstliche Akademie für das Leben sind an den Maßnahmen zur Bekämpfung der Pandemie beteiligt.

Insbesondere das ehemalige Heilige Offizium betont den moralischen Imperativ, sicherzustellen, dass die Vakzine »auch für die ärmsten Länder und ohne überzogene Kosten für sie zugänglich« sind.[106] Gleichzeitig erklärt die Kongregation – und nimmt damit fundamentalistischen Impfgegnern den Wind aus den Segeln –, weshalb es ethisch vertretbar sei, auf Impfstoffe zurückzugreifen, die mit Zellmaterial aus abgetriebenen Föten hergestellt werden (weil zwischen den Forschern und Herstellern auf der einen und den für die Abtreibung Verantwortlichen auf der anderen Seite keinerlei Verbindung besteht).

Jedenfalls rufen sowohl die COVID-19-Kommission als auch die Akademie für das Leben zur Massenimpfung auf: Es sei eine moralische Verantwortung, sowohl sich selbst als auch die öffentliche Gesundheit zu schützen, damit das Gesundheitssystem nicht auf unverantwortliche Weise belastet werde.

Auch die gesellschaftliche und politische Rolle des Papstes ist in Coronazeiten eine andere geworden. Präsident Bidens Vorschlag, den Patentschutz für Corona-Impfstoffe auszusetzen, um eine Massenproduktion zu ermöglichen und die finanzielle Situation der Entwicklungsländer nicht unnötig zu belasten, stößt im Vatikan auf ein positives Echo. Man müsse sich in Bewegung setzen, um den allgemeinen Zugang zum Impfstoff und die vorübergehende Aussetzung der intellektuellen Eigentumsrechte zu gewährleisten, so der Papst.

Wenn und falls die Pest irgendwann ein Ende hat, wird es keine Rückkehr in die Welt vor Corona geben. Davon sind Franziskus und mit ihm viele andere überzeugt. Doch der argentinische Papst weist warnend darauf hin, dass man an einem Scheideweg stehe: Das globale System kann besser werden – oder es kann den Schwachen, die wehrlos sind und sich leicht aussortieren lassen, mit noch größerer Unbarmherzigkeit begegnen.

Dass sich die Erfahrungen des New Deal oder der europäischen Nachkriegszeit wiederholen, die oft erwähnt werden, wenn von einem Neuanfang nach dem Virus die Rede ist, scheint schwerlich vorstellbar. In Amerika konnte die politische Macht in Gestalt von Präsident Franklin D. Roosevelt nach dem Börsencrash von 1929 gegenüber den Wirtschaftskonzernen ungleich stärker auftreten als heute. Und im westlichen Nachkriegseuropa wurden der Wiederaufbau und die Gründung von Sozialstaat und Wohlfahrtssystem von Massenparteien getragen – Christdemokraten, Labourparteien, Sozialisten, der besonderen, von Palmiro Togliatti inspirierten Spielart des italienischen Kommunismus und liberal-progressiven Kreisen –, die heute entweder verschwunden sind oder einen sehr viel geringeren und in jedem Fall grundlegend anderen Einfluss auf die Gesellschaft ausüben als damals.

Insbesondere das sozioökonomische Denken katholischer Prägung, das mit der Soziallehre der Kirche verknüpft ist, findet – von einigen wenigen Ausnahmen wie Deutschland abgesehen, wo allerdings die Besonderheit einer gemischten, sowohl katholischen als auch protestantischen Christdemokratie besteht – keine Formen des politischen Handelns mehr, die sich in den Parlamenten bemerkbar machen würde.

Selbst die – für die Zeit des Kalten Krieges zwischen den USA und der UdSSR im vergangenen Jahrhundert typische – Vorstellung von einem Westen als Träger von Werten, die es auf internationaler Ebene zu fördern gelte, ist nach dem Zerfall der UdSSR, dem rauschhaften, vermeintlichen »Ende der Geschichte« und dem zuletzt merklich abgekühlten Verhältnis zwischen den USA der Trump'schen *America-First*-Politik und dem Europa der nach wie vor multilateral ausgerichteten Union auf der Strecke geblieben.

Die Utopie einer bewaffneten Ausbreitung des westlichen Demokratiemodells hat mit den Abenteuern der USA in Afghanistan und im Irak Schiffbruch erlitten, die sich als Ausdrucksformen einer nackten Machtpolitik entpuppten und obendrein kein gutes Ende nahmen. Mit subtiler Kritik und sogar einem Hauch Ironie, wie es zuweilen seine Art ist, sagte Franziskus auf dem Rückflug von Südkorea im August 2014 zu den Journalisten: »Doch wir müssen auch ein Gedächtnis haben! Wie oft haben die Mächte mit der Entschuldigung, dem ungerechten Angreifer Einhalt zu gebieten, Völker an sich

gerissen und einen wirklichen Eroberungskrieg geführt!«
(Und im Nachsatz wies der Papst darauf hin, dass kein
einzelner Staat, sondern nur die UNO das Recht hat, zu
entscheiden, ob ein Angriff ungerecht und was gegebe-
nenfalls dagegen zu unternehmen ist.)

Der neue Kalte Krieg, der sich zwischen den Vereinigten
Staaten, China und Russland zu entwickeln scheint, beunruhigt Franziskus. »Prophet ist nicht der, der die Zukunft deutet, sondern der die Gegenwart liest ... und
die Zeichen der Zeit erkennt«, erklärt Kurienerzbischof
Rino Fisichella, Präsident des Päpstlichen Rats für die
Neuevangelisierung.[107]

Und es ist auch nicht gesagt, dass die Propheten Gehör
finden: Die Bibel ist voller Geschichten von den Widerständen, die sich ihnen in den Weg stellen. Doch die Be-
merkung des Erzbischofs verdeutlicht die Mission, die
Jorge Mario Bergoglio übernommen hat und die im
Licht der Pandemie-Katastrophe, die die Lebenssituation
unzähliger Menschen auf der ganzen Welt von Grund
auf verändern wird, eine ganz neue Bedeutung erhält.

Franziskus benennt die drei großen Widersprüche, die
unsere Gegenwart kennzeichnen: Die Ungerechtigkeit
der systemischen Ungleichheiten, die sich in den vergangenen Jahrzehnten verschärft haben. Die neuen Formen der Sklaverei auf dem Gebiet der Arbeit (Kinderar-
beit eingeschlossen) und der sexuellen Ausbeutung (auch

von Minderjährigen), die Millionen Männer und Frauen zwingen, unter unmenschlichen Bedingungen zu leben. Die Umweltzerstörung, die sich negativ auf die Lebensbedingungen unserer Zeitgenossen auswirkt und gerade für die Randgruppen besonders verheerende Folgen zeitigt. Deshalb ruft Franziskus dazu auf, den »Schrei der Erde und der Armen« zu hören.

Schon bei seiner ersten Lampedusa-Reise 2013 kurz nach seiner Wahl prangerte der Papst die Haltung derer an, die so tun, als würden sie nichts sehen, oder die nicht bereit sind, aus dem, was für alle offensichtlich ist, die naheliegenden Schlüsse zu ziehen. Damals sprach er von einer Globalisierung der Gleichgültigkeit. »Wir sehen den Bruder halb tot am Straßenrand liegen. ›Armer Kerl‹, denken wir vielleicht – und gehen weiter … ›Dafür sind wir nicht zuständig‹, mit diesem Gedanken beruhigen wir uns.«

Im Sommer 2020, als Italien sich mühsam von der ersten Pandemiewelle zu erholen begann, eskalierte in Mondragone (in der Nähe von Neapel) ein Konflikt zwischen der örtlichen Bevölkerung und einer Gruppe von bulgarischen Erntehelfern, unter denen es zu einem Corona-Ausbruch gekommen war. »Während wir in unseren Häusern eingesperrt waren, sind sie um fünf Uhr morgens zur Arbeit auf die Felder gegangen. Wir wollen unsere Ruhe haben, sie müssen gehen«, protestierten einige Bewohner der Ortschaft vor laufenden Kameras.

Die Berichte in den Zeitungen oder im Fernsehen thematisierten den Konflikt zwischen den Einwohnern und den Wanderarbeitern, die überdies widerrechtlich ein Gebäude besetzt hatten (die Hausbesetzer waren allerdings mehrheitlich italienische Staatsbürger). Niemand erwähnte oder beschuldigte die *Caporali*, die illegalen, erpresserischen Arbeitsvermittler, die sie an ihren Arbeitsplatz fuhren. Niemand sprach von den Besitzern der Felder, die einen Vor- und einen Zunamen haben und die Tagelöhner zu einem Hungerlohn für sich arbeiten lassen. Sie wurden völlig ausgeblendet. Als hätte man in den 1960er-Jahren von den Problemen der apulischen Arbeiter in Turin oder der italienischen Einwanderer in Wolfsburg gesprochen, ohne den Fiat- oder den Volkswagen-Konzern zu erwähnen.

»Wir können nicht so tun, als merkten wir nichts. Wir sind alle aufgerufen, jedwede Form der Heuchelei abzuschütteln [...]. Das Problem ist nicht auf der anderen Straßenseite: Es betrifft mich«, erklärt Bergoglio.[108] Niemand kann behaupten, er habe nichts gewusst oder trage keine persönliche Schuld. Statistiken zufolge, die dem Papst vorliegen, beläuft sich die Zahl der Männer, Frauen und Kinder, die in Sklaverei leben, auf ca. 40 Millionen. Und ihm entgeht auch nicht, welche Beträge in die Rüstung fließen: 2019 waren es 1,9 Billionen Dollar. Diese enormen Summen sollten, so drängte er beim feierlichen Rosenkranz am 30. Mai 2020, stattdessen in die medizinische Forschung investiert werden, um Katastrophen wie die Coronapandemie in Zukunft zu vermeiden.

Das sind nicht bloß fromme Wünsche. Es wird in den nächsten Monaten und Jahren immer wesentlicher werden, wie die Haushalte der einzelnen Staaten strukturiert und welche Investitionen auf welche Ziele ausgerichtet sein werden.

Im Vatikan arbeitet die Post-COVID-Kommission unter dem Dach des von Kardinal Peter Turkson geleiteten »Dikasteriums für die ganzheitliche menschliche Entwicklung« an einer Zusammenschau der verschiedenen Aspekte einer inklusiven Gesellschaft auf dem Gebiet der Gesundheit, der Wirtschaft, der Ökologie, der Arbeit und der Politik. In Zeiten der Pandemie, so der aus Ghana stammende Purpurträger, ist der Schrei der Menschen deutlich zu hören. Man muss sich nur vor Augen halten, dass ein Drittel der Toten aus ethnischen Minderheiten oder Randgruppen stammt, die nicht einmal ein Minimum an Schutz genießen. Deshalb muss sich, was die Wiederherstellung des globalen Systems betrifft, die Aufmerksamkeit auf die Verwundbarkeit der Menschen richten.

»Regeneration« ist der Leitbegriff, an dem man sich in der vatikanischen Kommission orientiert. Denn es geht nicht darum, dort weiterzumachen, wo man vor der Pandemie aufgehört hat, sondern darum, wie Kommissionsmitglied

Schwester Alessandra Smerilli erklärt, »eine Umgestaltung der Wirtschaft, der Arbeitswelt und der Gesellschaft anzubahnen«. Es darf nicht sein, dass erst Millionen von Menschen ihre Arbeit verlieren, ehe man etliche Produktionssektoren auf einen ökologischen Übergang und eine umwelt- und naturverträgliche Wirtschaft umstellt und »menschliche Arbeitszeiten und Arbeitsrhythmen« einführt. Mit Interesse verfolgt man im Vatikan den *Green-Deal*-Fahrplan der Europäischen Union.[109]

Evangelii gaudium, Laudato si' und *Fratelli tutti* sind die drei Grundlagentexte von Papst Franziskus, um nach der Pest der Virusepidemie das Unternehmen Wiedergeburt in Angriff zu nehmen. Alle drei stellen deutlich heraus, mit welchen Kernproblemen man es zu tun haben wird. Das Apostolische Schreiben *Evangelii gaudium* nimmt sich die neoliberalistische Konterrevolution zur Brust, die die Welt seit den letzten Jahrzehnten des vergangenen Jahrhunderts geformt und die sich auch darin geäußert hat, dass das Schicksal der Infizierten in den jeweiligen Staaten so unterschiedlich war – je nachdem, welche sozialen Schutzsysteme man eingerichtet oder, weil man nicht konnte oder nicht wollte, eben nicht eingerichtet hatte. Die absolute Autonomie der Märkte und der Finanzspekulation hat ein »gesellschaftliche[s] und wirtschaftliche[s] System« geschaffen, das »an der Wurzel ungerecht ist«. Das Ergebnis sind »Ausschließung und […] soziale Ungleichheit in der Gesellschaft und unter den verschiedenen Völkern«[110]. Man kann nicht einfach weitermachen, wenn die Kluft zwischen der Wirtschaft und dem Gemeinwohl derart tief ist.

Drei Jahre bevor Greta Thunberg ihre *Fridays for Future* ins Leben ruft, hat Papst Franziskus mit der Veröffentlichung seiner Enzyklika *Laudato si'* die Kirche bereits auf der Seite der Umweltschützer positioniert. Die Aktualität des Dokuments, das weit mehr ist als ein abstrakter Lobgesang auf eine grüne Ideologie, besteht darin, dass es die konkrete Verbindung zwischen der Umweltzerstörung und dem Niedergang der Gesellschaft, den Zusammenhang zwischen der Vernichtung der natürlichen Ressourcen und der Verschlechterung der Lebensbedingungen der Zeitgenossen aufzeigt, die sich selbstredend am katastrophalsten auf die weniger Privilegierten auswirkt.

Politischer Kern des Dokuments ist die Beunruhigung über die Schwächung der Politik und der Demokratie angesichts des »finanziell-technokratischen Paradigmas«. Die Politik, so Franziskus, »darf sich nicht der Wirtschaft unterwerfen«, weil die Wirtschaft jeden technologischen Fortschritt in den Dienst des Profits stellt, ohne nach möglichen negativen Folgen für den Menschen zu fragen. Und die Finanzen ihrerseits, betont der Papst, »ersticken die Realwirtschaft«. Mit der Folge, dass es unmöglich ist, ein stabiles normatives Netz zu schaffen, ehe »die neuen Formen der Macht, die sich von dem techno-ökonomischen Paradigma herleiten, schließlich nicht nur die Politik zerstören, sondern sogar die Freiheit und die Gerechtigkeit«.

Das Thema des politischen Engagements liegt dem argentinischen Papst schon seit Jahren am Herzen. Nicht aus konfessionellen Gründen, sondern um zu verhindern, dass die Bürger passive Objekte von Entscheidungen sind, die von Instanzen mit Eigeninteressen gefällt werden. In der Enzyklika *Laudato si'* ermuntert er sie, ihr Schicksal selbst in die Hand zu nehmen: »Wenn die Bürger die nationale, regionale und kommunale politische Macht nicht kontrollieren, ist auch keine Kontrolle der Umweltschäden möglich.«

In der Enzyklika *Fratelli tutti* greift er das Thema wieder auf. Die »edle Berufung« der Unternehmer, schreibt Franziskus, müsse unbedingt darauf ausgerichtet sein, die Welt für alle besser zu machen. »Die Zerbrechlichkeit der weltweiten Systeme angesichts der Pandemie hat gezeigt, dass nicht alles durch den freien Markt gelöst werden kann.« Es gelte, so der Papst, eine »gesunde« Politik zu reaktivieren, die sich nicht dem Diktat der Finanzwelt unterwirft, sondern darauf abzielt, die Menschenwürde wieder ins Zentrum zu stellen und die nötigen alternativen Gesellschaftsstrukturen zu schaffen.

Franziskus zeichnet ein schonungsloses Bild der globalen Situation: Teile der Menschheit, so scheint es, könne man »opfern« zugunsten einer auserlesenen Schicht, der es gebührt, ein Leben ohne Einschränkungen zu führen. »Während ein Teil der Menschheit im Überfluss lebt, sieht der andere Teil die eigene Würde aberkannt, verachtet, mit Füßen getreten und seine Grundrechte ignoriert oder verletzt.«[111]

Seit geraumer Zeit werfen seine Feinde innerhalb wie außerhalb der Kirche Bergoglio vor, ein Kommunist zu sein. In der Regel kontert er solche Bemerkungen mit dem Hinweis, er halte sich nur an die Worte des Evangeliums. Vor Kurzem aber hat der argentinische Papst eine eher politische Antwort gegeben und sich dabei auf seinen polnischen Amtsvorgänger berufen. »Wenn er sich mit dem Problem des Kapitalismus befasst«, sagte er über Johannes Paul II., »dann spricht er von der sozialen Marktwirtschaft. Auf diese Weise scheint er den liberalen Marktbegriff zu akzeptieren, ergänzt ihn aber um die Kategorie des Sozialen.« Dies sei, so Franziskus weiter, eine geniale Methode, unterschiedliche Instanzen zusammenzuhalten und sie aus dem Blickwinkel des Evangeliums zu betrachten.[112]

Angesichts der postpandemischen Veränderungen ist die Frage, wie eine Kombination aus sozialer Verantwortung und Marktwirtschaft aussehen könnte, heute tatsächlich wieder aktuell geworden. Ein Beispiel ist das Konzept der *Green Economy*. Nach dem Zusammenbruch des sowjetischen Systems hatte derselbe Papst Wojtyła mit dem Finger auf den zügellosen Liberalismus gezeigt. Die Ereignisse von 1989, erklärte er bei seinem Deutschlandbesuch sieben Jahre nach dem Fall der Berliner Mauer, hätten die Welt von Grund auf verändert. Die neue Situation, warnte er, müsse eine menschenwürdige Form erhalten. »Es darf nicht eine Welt entstehen, die erneut von einer ›radikalen kapitalistischen Ideologie‹ geprägt werden könnte.«[113] Zeuge dieser Besorgnis ist der ehemalige Vorsitzende der Kommunistischen Partei Italiens (PCI) Massimo D'Alema, der Ende des 20. Jahrhunderts Regierungschef wurde und, als ihn Johannes Paul II. in Audienz empfing, den Pontifex aus dem Osten zu seinem Erstaunen sagen hörte: »Ich habe mein ganzes Leben lang gegen den Kommunismus gekämpft, doch jetzt, da er zusammengebrochen ist, frage ich mich, wer nun für die Armen eintreten wird.«[114]

Bergoglio hat nie an die typische *Laissez-faire*-Ideologie des zügellosen Liberalismus geglaubt, der gerade en vogue ist: die Mär vom Wohlstand Einzelner, der überläuft wie ein mit Wasser gefülltes Glas, sodass letzten Endes alle davon profitieren. Im angelsächsischen Sprachraum nennt man diesen Effekt, der angeblich dazu führt, dass der Reichtum von den Unternehmensaktionären auf die ganze Gesellschaft übergreift, *trickle-down economics*. Wieso aber, so hat Franziskus schon mehrfach gefragt, passiert es, dass »das Glas, sobald es voll ist, wie durch Zauberhand größer wird und nie etwas für die Armen überfließt«?[115]

Die Erkenntnis, dass Hyperfinanzialisierung und hemmungslose Deregulierung sich nicht nur auf die Gesellschaft negativ auswirken, sondern auch der Wirtschaft selbst schaden, beschränkt sich nicht auf radikalreformerische Kreise. Auch in gemäßigten Kontexten stellt man sich Fragen. Der ehemalige Minister der Berlusconi-Regierung Giulio Tremonti, ein Akademiker der rechten Mitte, vertritt die Auffassung, dass es trotz der großen Wall-Street-Krise von 2008 im letzten Jahrzehnt – und das ist nichts Gutes – zu einer »außerordentlichen Machtverschiebung« gekommen sei: »von den Regierungen und der Politik hin zur magischen und vermeintlich heilsbringenden Macht der Finanz«[116].

Der Warnruf des Propheten Bergoglio angesichts der Gefahr, dass die Politik untergeordnet und die Demokratie mithin bedeutungslos wird, scheint realistisch. Schon Benedikt XVI. hatte in seiner Enzyklika *Caritas in veritate* unter dem Eindruck der Krise von 2008 auf »die Dringlichkeit einer Reform [...] der internationalen Wirtschafts- und Finanzgestaltung« mithilfe von Steuerungs- und Kontrollmechanismen hingewiesen, die den Vereinten Nationen anvertraut werden müssten: um die von der Krise betroffenen Volkswirtschaften zu sanieren, größeren Ungleichgewichten vorzubeugen und eine Steuerung der Weltwirtschaft zu begünstigen, die auf die »solidarische Entwicklung aller Völker« ausgerichtet ist.[117] Tremonti erinnert konkret an die internationalen Steuerungsmaßnahmen, auf die man sich 1944 in Bretton Woods geeinigt hatte, sowie an den von Italien und der OECD gemeinsam vorgelegten Entwurf eines *Global Legal Standard* von 2009.

Die Debatte über den Neuanfang nach Corona setzt präzise Entscheidungen voraus. Nobelpreisträger Joseph E. Stiglitz, Mitglied der Päpstlichen Akademie der Wissenschaften, hat am Beispiel des amerikanischen Paradoxons eine Definition gefunden: die Übermacht einer Minderheit. Eine Gruppe von Reichen, die »sich auf Kosten der anderen immer weiter bereichern wollen. Sie wollen eine ungleiche Gesellschaft aufrechterhalten, in der die Löhne weit unter dem Überlebensniveau liegen, die Armen keinen Zugang zu Gesundheitsleistungen haben, keine Tarifverhandlungen stattfinden und den großen Konzernen das Recht zugestanden wird, sich ihre Marktmacht zunutze zu machen, die Umwelt zu missbrauchen und die Schwächeren auszubeuten.«[118]

In seinem Brief an den lateinamerikanischen Richter Gallardo führt der Papst ein Buch der Wirtschaftswissenschaftlerin Mariana Mazzucato als Beispiel für eine präzise Analyse der Wirtschaftsmechanismen an, die es zu reformieren gilt. Das Buch heißt *Il valore di tutto* und geht von sehr konkreten Zahlen aus: Zwischen 1975 und 2017 hat sich das reale BIP der Vereinigten Staaten verdreifacht und die Produktivität um 60 Prozent zugenommen. Dagegen sind »die realen Stundenlöhne eines großen Teils der amerikanischen Arbeitnehmer seit

1979 unverändert geblieben oder sogar gesunken«[119]. Im Kern beruht dieses Missverhältnis auf der Tatsache, dass eine bestimmte Kaste – Aktionäre, die Dividenden einstreichen, und Manager, die mit den verschiedensten Begründungen Prämien kassieren – exponentiell von den mit einem Produkt erzielten Gewinnen profitiert, während die, die unternehmensintern den Wert des Produkts »schöpfen«, das Nachsehen haben.

Der katholische Soziologe Mauro Magatti fragt sich, wer die Umwandlungsprozesse steuern wird, die sich mit der Ausweitung von Digitalisierung und Homeoffice abzeichnen. Soll das allein der Markt übernehmen, den das daraus erwachsende soziale Ungleichgewicht und der notwendige Schutz kollektiver Rechte nicht kümmern? Man kann sich unschwer vorstellen, dass das Homeoffice den Angestellten im Hinblick auf die Macht und eventuelle Übergriffe des Unternehmens in eine deutlich schwächere Position bringt. Der im Libanon gebürtige Schriftsteller Amin Maalouf hat das Szenario einer bis zum äußersten digitalisierten, entmaterialisierten und robotisierten Gesellschaft entworfen, »in der die Menschen einander immer häufiger in Videokonferenzen begegnen, öffentliche Versammlungen möglichst vermieden und Produkte bevorzugt werden, die man erwerben kann, ohne mit anderen in Berührung zu kommen«[120] – ein Geflecht von Problemen, die durch die von Bankiers, Ökonomen und Unternehmern prognostizierte weltweite, schwere Rezession noch verschärft werden.

Der Zeitpunkt, an später zu denken, ist jetzt, sagt Franziskus. Angesichts völlig unverhältnismäßiger Gewinne einiger weniger müsse unsere Kultur »umdenken und sich neu strukturieren«. Die Gefahren, die hinter uns, und ihre schwerwiegenden Konsequenzen, die noch vor uns liegen, machten es notwendig, dass jeder Mensch die Kontrolle über sein Leben zurückerhält.[121] Eine neue soziale Marktwirtschaft könnte auch ein »allgemeines Grundeinkommen« vorsehen, um die Gesellschaftsschichten, die seit der Coronakrise am Boden liegen, zu unterstützen. Die Kirche – daran erinnert der Papst wieder und wieder – könne keine komplexen Lösungen vorschlagen. Doch das Evangelium verpflichte sie dazu, Ausgrenzung und Leid aus der Welt zu schaffen oder zumindest zu lindern. »Wir können nicht mit ruhigem Gewissen zuschauen, wenn ein Mitglied der menschlichen Familie ins Abseits gestellt wird und zum Schatten wird.«[122] Um ebendiesen Herausforderungen zu begegnen, sind seinerzeit der Sozial- und Wohlfahrtsstaat entstanden.

Franziskus reagiert mit äußerst harten Worten auf die Sichtweise einer abstrakten Rhetorik des Wachstums und des »Weitermachens«. Neben COVID-19, erklärt er, grassiere noch ein anderes verheerendes Virus, »ein Virus, das aus einer kranken Wirtschaft kommt. [...] Einige wenige sehr reiche Menschen, eine kleine Gruppe, besitzen mehr als der ganze Rest der Menschheit. Das ist reine Statistik. Es ist eine himmelschreiende

Ungerechtigkeit!« Man müsse der Realität ins Auge sehen: »Wenn die wirtschaftliche und technische Ungleichheit so stark ist, dass sie das Sozialgefüge zerreißt; und wenn die Abhängigkeit von einem unbegrenzten materiellen Fortschritt das gemeinsame Haus bedroht, dann können wir [...] nicht einfach zusehen!« »Das ist traurig«, ruft er aus, und meint damit die bittere Realität der Ungleichheit.[123]

Die gut 2000 reichsten Menschen der Welt besitzen laut Oxfam mit einem persönlichen Vermögen von insgesamt 8,7 Billionen US-Dollar so viel wie die ärmsten 60 Prozent der Weltbevölkerung: 4,6 Milliarden Menschen. Die Schweizer Bank UBS hat ausgerechnet, dass der Reichtum der Milliardäre auf dem Höhepunkt der Pandemie – zwischen April und Juli 2020 – sprunghaft angewachsen ist: um nicht weniger als 27,5 Prozent.[124]

Die Ordensfrau Alessandra Smerilli, die der Papst zur Untersekretärin des Dikasteriums für die ganzheitliche menschliche Entwicklung ernannt hat, erklärt anhand einiger präziser Punkte, wie ein Rückfall in die scheinbare Normalität der Zeit vor der Krise vermieden werden soll: »Wir wollen uns eine Zukunft vorstellen, die allen Arbeitnehmern, vor allem aber jenen aus dem informellen Sektor, den Zwangsmigranten, den Binnenvertriebenen und den Geflüchteten eine menschenwürdige Arbeit mit gerechtem Lohn und sozialem Schutz garantiert. Wir dürfen uns keinen Rückschritt erlauben.«[125]

Papst Bergoglio steht mit seinen Überlegungen nicht allein. Die Vorstellung, dass das herrschende wirtschaftliche Entwicklungsmodell ein »Reset« braucht, findet sich bei Ökonomen und Politikern, die man ganz sicher nicht als radikal bezeichnen kann. Der ehemalige italienische Premierminister und EU-Kommissar Mario Monti ist von der europäischen Abteilung der Weltgesundheitsorganisation in die Leitung einer Kommission für Gesundheit und nachhaltige Entwicklung berufen worden: Zu Letzterer gehört auch ein Überdenken der geltenden wirtschaftlichen Muster. Nicht von ungefähr verweist Monti auf die Notwendigkeit, »die politischen Prioritäten zu revidieren und zu überdenken«. Auch der derzeitige italienische Premier Mario Draghi, ehemaliger Präsident der Europäischen Zentralbank und seit Kurzem Mitglied der Päpstlichen Akademie der Sozialwissenschaften, hat es bei einem Treffen der Bewegung *Comunione e liberazione* im August 2020 als unerlässlich bezeichnet, sich für ein Wachstum einzusetzen, »das die Umwelt respektiert und den Menschen nicht erniedrigt«, und dabei die dringende Erfordernis unterstrichen, insbesondere den Ärmsten Einkommenssicherheit zu garantieren, um den sozialen Zusammenhalt zu stärken, der durch die Pandemie brüchig geworden ist.

Bereits 2019 hatte der *Business Roundtable*, dem 200 amerikanische Konzerne angehören, ein Dokument veröffentlicht, das sich für einen »besseren Kapitalismus« ausspricht und herausstellt, dass ein Unternehmen über die Interessen seiner Aktionäre hinaus auch auf die faire

Entlohnung seiner Angestellten, die mit Anstand und Respekt zu behandeln sind, die Förderung der Gemeinschaft, in der es tätig ist, die Pflege der Kunden und die angemessene Behandlung seiner Zulieferer bedacht sein muss. Die CEOs von 181 großen Konzernen – darunter JP Morgan, Amazon, Apple, General Motors und Boeing – unterschrieben dieses Bekenntnis zu sozialer Verantwortung.

Nach und nach setzt sich die Vorstellung von einem »*Social Impact Investment*« durch, das nicht nur den Aktionären, sondern der Gesellschaft als Ganzer Wohlstand bringen soll. Gleichzeitig sind dynamische Persönlichkeiten wie Elon Musk, Ideengeber von Tesla und anderen Projekten etwa im Bereich der kommerziellen Raumfahrt, entschiedene Gegner gewerkschaftlicher Organisationen. Und auch Amazon hat in seiner kleinen Niederlassung in Alabama (6000 Angestellte) erheblichen Druck ausgeübt, damit die Arbeitnehmer sich in einem Referendum gegen die Präsenz der Gewerkschaft aussprachen.

Es ist ein steiniger Weg. Und doch bricht sich, was die soziale Verantwortung von Einzelnen und Unternehmen angeht, ein neues Denken Bahn. Während der ersten Welle der Pandemie unterzeichneten 83 Millionäre (unter ihnen Jerry Greenfield, Mitgründer des amerikanischen Eiscreme-Giganten *Ben & Jerry's*, Abigail Disney, Urenkelin von Walt Disney und Erbin seines Imperiums, und Morris Pearl, ehemaliger Topmanager von

BlackRock) einen Appell für höhere Steuern, in dem sie vorschlugen, dass für große Vermögen eine »kontinuierliche [...] sofortige, substanzielle und dauerhafte Steuererhöhung« in Kraft treten solle. Mit dem Ziel, den Kampf gegen die Pandemie und ihre gesellschaftlichen Folgen zu finanzieren.[126]

Bei den Treffen mit der im Vatikan eingerichteten Post-Corona-Kommission beobachten der Papst und seine Mitarbeiter allerdings voller Sorge, wie ein Problem zum anderen kommt. Franziskus hat sie in seinem Briefwechsel mit Richter Gallardo persönlich benannt: Hunger, Arbeitslosigkeit, prekäre Arbeitsverhältnisse (im besten Fall), Gewalt, Wucher und – so der Papst – das Umsichgreifen einer »entmenschlichten Kriminalität«.

Franziskus' Hoffnungen richten sich vor allem auf die Europäische Union, in deren Einflussgebiet sich womöglich ein neuer Kurs abzeichnet. Im globalen Osten lassen die großen Autokratien Russland und China mit ihren bis zum Überdruss immer und immer wiederwählbaren Präsidenten keinerlei Absicht erkennen, einen echten politischen Pluralismus zu fördern. Übrigens hat der russische Präsident Putin 2019 gegenüber der *Financial Times* ohne die geringste Scheu erklärt, man müsse den Liberalismus als obsolet betrachten. Und Peking hat Franziskus mit seinem Festhalten an der Idolatrie der absoluten Macht des Ein-Parteien-Staates und seinem rigorosen Vorgehen in Hongkong enttäuscht.

Im Westen musste der Vatikan zusehen, wie die Vereinigten Staaten während der vierjährigen republikanischen Regierung den Multilateralismus bei jeder sich bietenden Gelegenheit zu den Akten legten, während die Ungleichheiten im Inneren zunahmen. Auch wenn die Biden-Präsidentschaft eine neue soziale Sensibilität an den Tag legt, sind die USA bis heute eine gespaltene Gesellschaft mit aggressiven Minderheiten und mächtigen Lobbys, die sich mit aller Macht gegen die Idee eines Sozialstaats zur Wehr setzen. Pater Francesco Occhetta, einer der Jesuiten, die unter diesen Bedingungen den Kurs des argentinischen Papstes unterstützen und ausarbeiten, verweist vor dem Hintergrund von Neoliberalismus und Globalisierung auf die Frage der Postdemokratie (die in Bergoglios Denken eine zentrale Rolle spielt). Trumps Amerika, schreibt der langjährige politische Kommentator der Jesuitenzeitschrift *Civiltà Cattolica*, habe die demokratischen Praktiken einem Stresstest unterzogen. Die »Glaubwürdigkeit der Politik einer Supermacht«, die um jeden Preis polarisiert und den Feind gesucht habe, sei infrage gestellt worden. Mit einer »Innen- und Ordnungspolitik ohne jede Regel, von der sich sogar Republikaner wie der frühere Präsident George Bush und Colin Powell« distanzierten, der unter Bush Außenminister gewesen war.[127]

Die neue amerikanische Regierung hat signalisiert, dass sie zum Multilateralismus zurückkehren will, den Franziskus für wesentlich hält. Bidens Entscheidung, in der

Weltgesundheitsorganisation zu bleiben, dem Klimaabkommen wieder beizutreten und den Dialog mit Russland über den strategischen New-START-Vertrag und mit dem Iran über das Atomabkommen wiederaufzunehmen, stieß im Vatikan auf ein positives Echo. Für den Papst ist der Multilateralismus grundlegend, um Frieden und Entwicklung zu fördern. Sogar die Pandemie kann – das hat er zu den beim Heiligen Stuhl akkreditierten Diplomaten gesagt – zu einer Chance werden, das multilaterale System zu reformieren und wieder neu in Gang zu bringen.

Natürlich sind Russland und China autoritäre Staaten – daraus macht der Vatikan keinen Hehl –, doch deshalb ist es umso wichtiger, sie alle in Organisationen und Beziehungen einzubinden, die »im Dienst der Menschheitsfamilie« stehen, und nicht in einen neuen Kalten Krieg zurückzufallen. Genau das ist übrigens auch der Grund, weshalb Franziskus dem extremen Druck, den der Außenminister der Trump-Regierung Mike Pompeo auf ihn ausübte, standgehalten und das Abkommen mit China über die Bischofsernennungen erneuert hat. »Ein eminent pastorales Abkommen«, wie der Papst immer wieder betont. Doch auch seine diplomatische Bedeutung ist unverkennbar. In dieselbe Richtung weist die Entscheidung, Sonderausgaben der Zeitschrift *Civiltà Cattolica* für China (2020) und Russland (2021) herauszubringen.

Bleibt Europa, dem Franziskus die historische Fähigkeit zuschreibt, sich grundlegende Fragen über den Sinn des

Daseins zu stellen: Das hat der Papst in seiner Ansprache zum 60. Jahrestag der Römischen Verträge gesagt. Die strategische Entscheidung der Union, den »Recovery Plan Next Generation EU« auf den Weg zu bringen, wurde von Franziskus öffentlich als Schritt in die richtige Richtung und Beispiel der Zusammenarbeit, Solidarität und gemeinsamen Ressourcennutzung begrüßt. Für den Fall jedoch, dass die Europäische Union darauf verzichtet, sich für ein auf Solidarität und Gemeinsamkeit gestütztes erneuertes Gesellschaftsmodell zu engagieren, befürchtet der Politologe Vittorio Emanuele Parsi von der Katholischen Universität Mailand weitere Ausbrüche des souveränistischen Populismus.[128] Dasselbe befürchtet auch Franziskus. Er ist davon überzeugt, dass der nationalistische Extremismus Unheil bringt.

Zu den Kinoerlebnissen, die ihn geprägt haben, gehört auch ein deutscher Film aus der Zeit nach dem Zweiten Weltkrieg: *Die Brücke*. Er erzählt die Geschichte einer Gruppe von Jugendlichen, deren Leben vom Nationalsozialismus verbrannt werden. Was Bergoglio mit seinen wenig mehr als 20 Jahren in den 50er-Jahren des vergangenen Jahrhunderts betroffen machte, war der Zynismus, mit dem sich die totalitäre Ideologie der Existenzen bemächtigt und sie vernichtet. Bis heute wirkt ein »heftiger Schmerz« in ihm nach, wenn er daran denkt, »wie diese jungen Leute Schritt für Schritt auf entsetzliche Weise von der wachsenden Gewalt einer unmenschlichen Propaganda manipuliert worden sind«[129]. Jorge Mario Bergoglio weiß, dass die Dämonen der Vergangenheit in neuer Verkleidung zurückkehren können.

Der Sturm der extremistischen Trump-Anhänger auf das Kongressgebäude der Vereinigten Staaten hat auch den Vatikan erschüttert. Der *Osservatore Romano* sprach von Horden, die durch »eine zweimonatige toxische Erzählung über einen nichtexistenten Wahlbetrug« angestachelt worden seien. Dennoch, so Franziskus' Kommentar, sei es in gewisser Hinsicht gut, dass das Geschwür aufgebrochen sei, denn nun könne es heilen: »Wenn Menschen einen Weg einschlügen, der sich gegen die Gemeinschaft, gegen die Demokratie, gegen das Gemeinwohl richtet«, dann sei da auch in reifen Staatsgefügen immer etwas, das nicht funktioniert.[130]

2021 thematisierte der Papst in seiner Ansprache an das beim Heiligen Stuhl akkreditierte diplomatische Korps die Krise der Politik und der demokratischen Werte und hob das sich verschärfende Problem der Spaltungen im Inneren der nationalen Gesellschaften hervor. Ein Trend, wie er erklärte, der sich auch in Ländern mit einer langen demokratischen Tradition immer weiter ausbreite. »Die Demokratie lebendig zu erhalten, ist eine Herausforderung dieses Moments in der Geschichte«, fügte er hinzu. Wesentlich sei der Respekt vor dem Rechtsstaat, der »unabhängig von den herrschenden politischen Interessen« gewährleistet sein müsse.[131]

Im Rückblick auf das erste Jahr der Pandemie gestand Franziskus, dass er sich zunächst »wie im Käfig« gefühlt habe: »Doch dann habe ich mich beruhigt, ich habe das Leben genommen, wie es kam. Man betet mehr, man redet mehr.« Die großen Liturgien auf dem Petersplatz waren für den Papst »Ausdruck des Kummers, den man empfindet, Ausdruck der Liebe zu allen Menschen und auch ein Aufzeigen von neuen Wegen, wie wir einander helfen können«[132].

Derweil folgt eine Pandemiewelle auf die nächste, entstehen immer neue COVID-19-Varianten und nähert sich das Virus der tragischen Bilanz von weltweit vier Millionen Toten und 200 Millionen Infizierten. Die tatsächliche Zahl der Opfer beträgt laut Weltgesundheitsorganisation mehr als das Doppelte.

Im zweiten Jahr der Krise lebt, so Franziskus, die Versuchung wieder auf, »sich nur um die eigenen Interessen zu kümmern« und darüber zu vergessen, dass eine Besserung nur dann absehbar ist, wenn das »Wir« über dem »Ich« steht. Die Sorge um den anderen, um die Schwächeren, um die Benachteiligten, die Aussortierten, die Unsichtbaren. Wir dürfen nicht zur Normalität von früher zurückkehren, betont der Papst. »Entweder sind wir Geschwister oder wir zerstören uns gegenseitig. [...] Entweder sind wir Geschwister [...] oder alles wird zusammenbrechen. [...] Das ist die Herausforderung unseres Jahrhunderts.«[133]

Franziskus glaubt an einen »Plan für ein Wiederaufer-stehen«, eine poetische Formulierung aus einem hand-schriftlich verfassten Brief an eine spanische katholi-sche Zeitschrift. Durch die Erfahrung der Pandemie, erklärt er, die unser aller Zerbrechlichkeit habe deut-lich werden lassen, seien Grenzen durchlässig gewor-den und hätten sich sämtliche fundamentalistischen Diskurse aufgelöst. Diese Lektion müsse uns veranlas-sen, »uns von Neuem als Baumeister und Hauptakteure einer gemeinsamen Geschichte zu fühlen und mithin gemeinsam auf die vielen Übel zu reagieren, die Millio-nen von Brüdern und Schwestern in aller Welt bedrän-gen«. Es gebe Antikörper, mit denen wir auf Bedrohun-gen reagieren können: Gerechtigkeit, Nächstenliebe, Solidarität.[134]

Auch die Kirche bedarf dringend der Regeneration. Der angebotene Rücktritt des Münchner Kardinals Marx wegen des mangelhaften Umgangs der Amtskir-che mit der Missbrauchsaffäre und die Aufforderung des Papstes, durchzuhalten und weiterzumachen, zei-gen, wie tief die Risse in der kirchlichen Struktur sind.

Die gegensätzlichen Anschauungen, die man in der Haltung von Kardinal Marx und Kardinal Woelki sehen kann, spiegeln sich auf allen Ebenen des Weltkatholizis-mus wider. Ob es sich um vertuschte Missbrauchsskan-dale in Deutschland wie in Polen handelt oder um ver-gessene Massengräber von zwangserzogenen indigenen

Kindern in den katholischen Schulen Kanadas, die unbewältigte Vergangenheit scheint die Kirche immer wieder an einen »toten Punkt« zu bringen.

Franziskus gibt nicht auf. Eine Komplikation am Dickdarm hat ihn im Juli 2021 gezwungen, sich einer Operation zu unterziehen. Doch in seinem 85. Lebensjahr hat er als erster zeitgenössischer Papst entschieden, einen ehemaligen Kurienkardinal vor Gericht zu bringen: wegen Veruntreuung und Amtsmissbrauchs, wie es in einem Kommuniqué heißt. Kardinal Angelo Becciu wird mit neun anderen Personen – Finanzberater, Broker, Rechtsanwälte, Beamte des Staatssekretariats und der Vatikanischen Finanzinformationsbehörde inklusive Signora Marogna – zur Rechenschaft gezogen. Die Affäre der Londoner Fehlinvestitionen und das herrische Verhalten des Kardinals, der zu eng zu seinen Verwandten stand, wird nicht unter den Teppich gekehrt.

Unerwartet hat Franziskus den Plan einer Weltsynode der Bischöfe auf den Weg gebracht, die zwei Jahre lang dauern soll. Angefangen von unten her, in den Pfarreien und Diözesen, sodann weiterentfaltet in Kontinentalsynoden bis zum Abschluss in der allgemeinen Synodalversammlung, die im Oktober 2023 in Rom stattfinden wird. Ein kleines Konzil, wenn man so will, mit einem weitgefassten Thema: die Verwirklichung von Gemeinschaft, Teilnahme und Mission in einer »synodalen Kirche«.

Eine arme Kirche für die Armen in einer Welt, in der kein Gestrandeter zurückgelassen wird. Das ist die Vision des Einwanderersohns, der Papst geworden ist.

Von Anfang an, seit dem Moment seiner Wahl, ist das »Abenteuer Franziskus« von einer Aura der Volksnähe umgeben. Ein Graffito aus den ersten Jahren seines Pontifikats stellte ihn als Superman dar. In der Zeit der Pest tauchte in Mailand ein Wandbild auf, das ihn in eine Decke gehüllt zwischen Ratten auf dem Boden liegend zeigte – wie einen Obdachlosen.

Eine vielfältige Menge von Gläubigen wie Nichtgläubigen hat begriffen, auf wessen Seite Jorge Mario Bergoglio steht. Und sie fühlen den Stachel seiner Ironie, wenn er sagt: »Schlimmer als die gegenwärtige Krise wäre nur das Unglück, sie ungenutzt verstreichen zu lassen.«[135]

Anmerkungen

1   Franziskus, *Besondere Andacht in der Zeit der Epidemie*, 27.3.2020.

2   Ebd.

3   L. Sebastiani, *Rocca*, 1.5.2020.

4   W. Veltroni, *Corriere della Sera*, 31.5.2020.

5   E. Lenzi, *Avvenire*, 23.5.2020.

6   E. Chille, *ilmessaggero.it*, 16.4.2020.

7   F. Ognibene, *Avvenire*, 28.4.2020.

8   Ebd.

9   Franziskus, *Begegnung mit Priestern, Ordensleuten und Seminaristen*, 8.9.2019.

10   Franziskus, *Vorsynodenversammlung der Jugendlichen*, 19.3.2018.

11   R. Pumpo, *RomaSette-Avvenire*, 3.5.2020.

12   G. Visetti, *la Repubblica*, 30.4.2020.

13   A. Grossi, *Il Fatto Quotidiano*, 27.5.2020.

14   Franziskus, *Homilie*, 19.4.2020.

15   Don Abbondio, eine Figor aus Manzonis *Verlobten*, steht für einen ängstlichen Priester.

16   Franziskus, *Tagesmeditation in Santa Marta*, 8.4.2020.

17   Franziskus, *Tagesmeditation in Santa Marta*, 30.4.2020.

18   Franziskus, *Kreuzweg*, 10.4.2020.

19   Zusammen mit Marco Pozza ist das Buch *Ave Maria. Die Mutter Gottes und ihr Geheimnis* von Papst Franziskus entstanden (Freiburg, Herder 2019).

20   Franziskus, *Tagesmeditation in Santa Marta*, 10.5.2020.

21   L. Capuzzi, *Avvenire*, 8.5.2020.

22   Franziskus, *Tagesmeditation in Santa Marta*, 14.5.2020.

23   „lastampa.it", 17.4.2020.

24   P. Zygulski, *avvenire.it*, 17.5.2020.

25   G. Lorizio, *avvenire.it*, 17.5.2020.

26   R. Maccioni, *avvenire.it*, 19.4.2020.

27   F. Garelli, *Gente di poca fede*, Bologna (Il Mulino) 2020.

28   G. Lorizio, *avvenire.it*, 17.5.2020.

29   S. Veronesi, *corriere.it*, 8.5.2020.

30   *isprambiente.gov.it*, 2020.

31   G. Santevecchi, *corriere.it*, 20.3.2020.

32   Franziskus, *Begegnung mit den Bischöfen des Mittelmeerraumes*, 23.2.2020.

33   A. Cano, P. Ordaz, *elpais.com*, 22.1.2017 (deutscher Wortlaut zitiert nach: *Die Welt*, 22.1.2017).

34   G. Rosini, *ilfattoquotidiano.it*, 27.5.2020.

35   Ebd.

36   Der Notstand endete am 17.6.2020.

37   B. Sorge, *Perché il populismo fa male al popolo*, Mailand (Terra Santa) 2019.

38   *ilpost.it*, 20.4.2020.

39   D. Wooding, *Corriere della Sera*, 4.5.2020.

40   Franziskus, *Lettera a Roberto Andrés Gallardo*, „nodal.am",
      30.3.2020.

41   A. Nicastro, *Corriere della Sera*, 23.5.2020.

42   G. Fazzini, *L'Osservatore Romano*, 23.3.2020.

43   P. Del Re, *la Repubblica*, 3.5.2020.

44   A. Napoli, *focusonafrica.info*, 30.6.2020.

45   Franziskus, *Botschaft »Urbi et Orbi«*, 12.4.2020.

46   A. Di Bussolo, *vaticannews.va*, 6.2.2020.

47   L. Capuzzi, *avvenire.it*, 30.4.2020.

48   *ansa.it*, 3.6.2020.

49   *theguardian.com*, 28.3.2020.

50   A. Spadaro, M. Figueroa, *laciviltacattolica.it*, 15.7.2020.

51   *cnn.com*, 14.4.2020.

52   M. Boorstein, S. Pulliam Bailey, *washingtonpost.com*, 2.6.2020.

53   Deutscher Wortlaut zitiert nach *Vatican News*, 2.6.2020.

54   A. De Carolis, *vaticannews.va*, 2.6.2020.

55   Deutscher Wortlaut zitiert nach *Vatican News*, 3.6.2020.

56   N. Seneze, *Lo scisma americano*, Mailand (Mondadori) 2020.

57   Franziskus, *Friedenstreffen in Hiroshima*, 24.11.2019.

58   *bbc.com*, 7.5.2020.

59   R. Da Rin, *ilsole24ore.com*, 4.5.2020.

60   *apnews*, 3.6.2020.

61   G. Giraud, *osservatoreromano.va*, 10.4.2020.

62   R. Sarah, Benedikt XVI. (Beitrag), *Aus der Tiefe des Herzens*,
      Kißlegg (Fe-Medienverlag) 2020.

63 Ebd.

64 P. Rodari, *Repubblica*, 14.1.2020.

65 *Veritas liberabit vos, kath.net*, 7.5.2020.

66 Ebd.

67 M. Zuppi, L. Fazzini, *Odierai il prossimo tuo*, Casale Monferrato (Piemme) 2019.

68 Papst Franziskus (im Dialog mit Marco Pozza), *Ich glaube, wir glauben: neue Überlegungen zu den Wurzeln unseres Glaubens*, München (Kösel) 2020, S. 44 f.

69 José H. Gomez, *USCCB President's Statement*, 20.1.2021.

70 Usccb.org, 28.1.2021.

71 Franziskus, *Generalversammlung der Internationalen Vereinigung der Generaloberinnen* (UISG), 10.5.2019.

72 F. Giansoldati, *Il Messaggero*, 4.4.2021, deutscher Wortlaut zitiert nach: *kath.net*, 7.4.2021.

73 Franziskus, Enzyklika *Fratelli tutti*, 3.10.2020.

74 C. Marroni, *ilsole24ore.com*, 25.9.2020.

75 Franziskus, *Eröffnung des 91. Gerichtsjahrs des Staates der Vatikanstadt*, 15.2.2020.

76 *farodiroma.it*, 29.9.2020.

77 F. Pinotti, *Corriere della Sera*, 6.10.2020.

78 *vaticannews.va*, 14.11.2019 (deutscher Wortlaut zitiert nach: *Domradio*, 14.11.2019).

79 Franziskus, *Gesetz CCCLI*, 16.3.2020, (deutscher Wortlaut zitiert nach: *vaticannews*.va, 16.3.2020).

80 Deutscher Wortlaut zitiert nach: *vaticannews.va*, 29.4.2021.

81 P. Rodari, *Repubblica*, 29.12.2020.

82 A. Spadaro, *Civiltà Cattolica*, 5.9.2020.

83 Ebd.

84 Franziskus, *Schreiben an die chilenischen Bischöfe*, 8.4.2018.

85 *huffingtonpost.it*, 21.10.2020.

86 Kongregation für die Glaubenslehre, *Schreiben an die Bischöfe der katholischen Kirche über die Seelsorge für homosexuelle Personen*, 1.10.1986.

87 Kongregation für die Glaubenslehre, *Responsum ad dubium* über die Segnung von Verbindungen von Personen gleichen Geschlechts, 22.2.2021.

88 Franziskus, *Pressekonferenz*, 26.11.2019.

89 Urteil des Gerichts des Staats der Vatikanstadt, Strafverfahren Angelo Caloia, Gabriele Liuzzo, Lamberto Liuzzo, 21.1.2021.

90 *vatican.va*, *Rapporto McCarrick*, 10.11.2020.

91 N. Castro, *La salud de los Papas*, Buenos Aires (Sudamericana) 2021, deutscher Wortlaut zitiert nach: *Domradio*, 28.2.2021.

92 A. Tornielli, P. P. Saleri, *Il denaro non governa*, Casale Monferrato (Piemme) 2018.

93 M. Houellebecq, *Corriere della Sera*, 5.5.2020.

94 Franziskus, *Regina Caeli*, 31.5.2020 (Pfingstsonntag).

95 Franziskus, *Botschaft »Urbi et orbi«*, 12.4.2020.

96 Franziskus, *Tagesmeditation in Santa Marta*, 16.6.2017.

97 M. Crosetti, *repubblica.it*, 20.5.2020.

98 Franziskus, *Tagesmeditation in Santa Marta*, 14.5.2020.

99 S. Fiori, *la Repubblica*, 29.5.2020.

100 M. Fana, *Il Fatto Quotidiano*, 18.5.2020.

101 A. Ivereigh, *thetablet.co.uk*, 8.4.2020.

102 J. v. Braun, S. Zamagni, M. Sanchez Sorondo, *Science*,
17.4.2020. Deutscher Wortlaut zitiert nach: Der Pandemie
begegnen – Lehren für zukünftiges Handeln und veränderte
Prioritäten, *academiascientiarum.va*, 20.3.2020.

103 Päpstliche Akademie für das Leben, *Pandemia e fratellanza universale*, 30.3.2020.

104 Päpstliche Akademie für das Leben, *Humana Communitas*,
22.7.2020.

105 Vatikanische COVID-19-Kommission / Päpstliche Akademie für
das Leben, *Vaccino per tutti. 20 punti*, 29.12.2020.

106 Kongregation für die Glaubenslehre, *Note*, 21.12.2020.

107 R. Fisichella, *Tavola rotonda*, 10.12.2019.

108 Franziskus, *Videobotschaft zum zweiten Internationalen Forum über moderne Sklaverei*, 8.5.2018.

109 E. Citterio, *Credere*, 30.8.2020.

110 Franziskus, *Evangelii gaudium*, 24.11.2013.

111 Franziskus, *Fratelli tutti*, 3.10.2020.

112 Papst Franziskus mit L. M. Epicoco, *San Giovanni Paolo Magno*,
Cinisello Balsamo (San Paolo) 2020.

113 Johannes Paul II., *Homilie*, Paderborn, 22.6.1996.

114 A. De Angelis, *huffingtonpost.it*, 7.11.2019.

115 *lastampa.it*, 17.7.2015.

116 G. Tremonti, *Corriere della Sera*, 6.5.2020.

117 Benedikt XVI., *Caritas in veritate*, 29.6.2009.

118 G. Carofiglio, *la Repubblica-Robinson*, 1.5.2020.

119 M. Mazzucato, *Il valore di tutto*, Rom-Bari (Laterza) 2018.

120 A. Maalouf, *Corriere della Sera*, 17.5.2020.

121 Franziskus, *Schreiben an die Volksbewegungen*, 12.4.2020.

122 Franziskus, *Botschaft zum IV. Welttag der Armen*, 13.6.2020.

123 Franziskus, *Generalaudienz*, 26.8.2020.

124 *ansa.it*, 7.10.2020.

125 A. Smerilli, *Osservatore Romano. Donne Chiesa Mondo*, 21.5.2021.

126 *europa.today.it*, 13.7.2020.

127 F. Occhetta, *Vita pastorale*, 22.6.2020.

128 A. Lavazza, *Avvenire*, 5.5.2020.

129 Papst Franziskus mit L. M. Epicoco, *San Giovanni Paolo Magno*, Cinisello Balsamo (San Paolo) 2020.

130 F. Marchese Ragona, Interview mit Franziskus, *Tg5.Mediaset*, 11.1.2021.

131 Franziskus, *Ansprache an das diplomatische Korps*, 8.2.2021.

132 F. Marchese Ragona, Interview mit Franziskus, *Tg5.Mediaset*, 11.1.2021.

133 Franziskus, *Videobotschaft zum Internationalen Tag der Geschwisterlichkeit aller Menschen*, 4.2.2021.

134 Franziskus, *Brief an »Vida Nueva«*, 17.4.2020.

135 Franziskus, *Homilie*, 31.5.2020 (Pfingstsonntag).

Der wichtigste Kampf
des Papstes

304 Seiten I Gebunden
mit Schutzumschlag
ISBN 978-3-451-39446-1

Die Amazonas-Synode ist vorbei, der Synodale Weg läuft holp-
rig und immer deutlicher wird: Das Ringen um die Zukunft der
Kirche ist dramatischer denn je. Mittendrin: Papst Franziskus.
Bestsellerautor Marco Politi beschreibt seine Situation, ent-
hüllt dunkle Machenschaften im Vatikan und entlarvt erbitterte
Feinde. Politi zeigt einen Papst, der angeschlagen ist, aber
noch nicht aufgegeben hat. Und der weiß, dass sich sehr bald
sehr viel entscheidet.

In jeder Buchhandlung!

Kampf um die Zukunft der Kirche

288 Seiten | Kartoniert
ISBN 978-3-451-06947-5

Franziskus revolutioniert die Kirche. Und nicht nur die Kirche:
Er meldet sich zu sozialen Fragen zu Wort, mischt sich poli-
tisch ein. Er ist das, was ein Papst sein soll: ein wacher Warner
und mutiger Mahner. Doch dadurch macht er sich auch Feinde
innerhalb und außerhalb des Vatikans. Und so wird eine Frage
immer drängender: Kann der Papst diesen entscheidenden
Kampf um die Reform und die Zukunft der Kirche gewinnen?
Ein spektakulärer Blick hinter die Kulissen – von einem bekannten Vatikan-Insider.

In jeder Buchhandlung!

HERDER

www.herder.de